残酷な働き方改革の時代を勝ち抜く

自分を

「働き方」

ノート

池田紀行

WAVE出版

はじめに

「年収を上げたい」「仕事ができる人になりたい」
「一流の職業人になりたい」
「社内だけじゃなく業界で一目置かれる人間になりたい」

―――こんな「強い成長志向」や「成り上がり意欲」は持っているものの、「どうやったら〝その領域〟にたどり着けるのかわからない」「何からはじめたら良いのかわからない」という人も多いのではないでしょうか。

　そんな方たちに、明日からすぐに行動に移せる自己成長するための仕事への向き合い方、具体的な仕事への取り組み方、自己投資（自分の磨き方）などについてお伝えし、「これを実践すれば多くの人が高い確率で〝一流の職業人〟になれ、自己実現を果たすことができる実践術」をまとめたのが本書です。

「一流の職業人」への道のりは、決してラクな道程ではありません。そこに至るためには、人並みを外れた努力や経験を積む必要があります。その過程を経ない限り、「仕事ができる人」や「一目置かれる人」にはなれません。成長するためには主体的な努力、それも他者をはるかに凌駕する圧倒的な努力をするしかないのです。

　令和の時代に、そんな「努力論」「根性論」を語ると、若い人たちから「時代遅れの昭和のオッサン全開だな」と言われそうです。しかし、果たして「泥臭く努力をすること」は本当に時代遅れなのでしょうか。どんな時代であれ、「優秀な人」とは「人ができないことができる人」だったり、

同じことなら「人よりも早くできる人」を指します。つまり、「優秀さ」とは「相対的」なものなのです。

あなたは、「世の中の大勢の人たち」が志向および実践する「努力の仕方」や「働き方」で、「相対的優位」に立つことができると考えているのでしょうか。「同じような努力」と「同じような努力量」で、「人よりも優位に立つ」ことは実現可能なのでしょうか。

ビジネス社会は、あらゆる世代の職業人がしのぎを削る「階級のない格闘技」のようなものです。そこには、昭和も平成も、団塊ジュニアもZ世代も関係ありません。優秀な人間が、優秀なのです。「努力をすることの価値」は、いつの時代も不変なのだと思います。

昔は、会社に入れば手厚い研修制度があり、時間とお金をかけて丁寧に育ててもらえました。会社から提供される学びの場だけでは足りず、もっと早く、もっと貪欲に成長をしたい人は、割り当てられた仕事だけでなく、難易度の高いプロジェクトに自ら志願し、残業や休日出勤を含め、存分に努力することが許容される時代でもありました。

しかし、今は国をあげての「働き方改革」の真っ只中。ワークライフバランスの普及やブラック企業の問題で、労働時間や休日をきちんと守らなければいけない時代です。成長意欲の高い人が「もっと努力をする機会が欲しい」「もっと短期間で圧倒的な経験を積みたい」と願っても、会社はそれを許容してあげられない**「逆ブラック」な状態**と言えるかもしれません。

その状況に、新型コロナウイルスの蔓延によるリモートワークの普及がさらに拍車をかけました。仕事のプロセスが見えづらいリモートワーク下では、がんばったかどうかよりも成果が問われます。そしてその成果は、自身の努力と創意工夫によって導出しなければならなくなりました。**もはや、会社、上司、先輩、社会は、「まだ半人前の若者」を「一人前」に育ててはくれないのです。**

だったら、自分で自分を育てるしかありません。もはや、誰もあなたのことを育ててはくれません。もう、自分で育つしかないのです。

　しかし、圧倒的な成長を志向するあなたが、もし強く望んだとしても、もう残業時間を気にせず無尽蔵に働くことはできなくなってしまいました。現代は、新人、ベテラン問わず、所定内労働時間の中で最大パフォーマンスを出すことが求められます。

　一方で、多くの人たちが「賢く働けば、量をすっ飛ばして質を高めることができる」と考えていることに強い危機感を感じます。なぜなら、**「効率は量からしか生まれない」**からです（この世に「絶対」はありませんが、これだけは「絶対」です！）。効率とは「やったほうが良いこと」と「やらなくて良いこと」を判別することができて初めて向上させることができます。
　経験が少ない中で「やったほうが良いこと」と「やらなくて良いこと」を判別できる人はほとんどいないでしょう。だから、「初心者の仕事」は効率が悪いのです。質は量からしか上げられません。圧倒的な量をこなす中で、ムダなことがわかってくる。だから効率を上げることができるのです。

　では、残業が抑制される環境下において仕事の「量」を増やすにはどうしたら良いのでしょう？　残念ながら、働き方改革関連法が公布・施行された現代では「仕事の量」を「労働時間」として増やすことはできません。

　仕事は時間内に超効率的に行ない、期待もしくは期待を超える成果を出すアウトプットに集中する。そして「仕事の効率」を上げるための「思考量」と「学習量」の累積投下時間（＝量）は、仕事の業務時間外の自己啓発で補うしかないのです（時間外にサビ残をやれと言っているわけではありません）。**「仕事は超効率的に成果を出すアウトプット時間」「自己啓発は仕事で最大成果を出すための戦闘力を上げる時間」**と位置づけてください。

「うげー…、大変だな……」「もっとラクな道はないのだろうか…」と感じるでしょうか。

　世の中には無数の「誰でも簡単に」「努力せず」「すぐに」「確実に」成果が出る「インスタントな方法論」があふれています。しかし、実際にはそんな方法などこの世に存在しません。「まだ見つけられていない」のではありません。世界中のどこを探しても、存在しないのです。

　100万歩譲って、仮に「そんな魔法の杖」が存在していたとしても、なぜその方法を「あなただけ」が知っていて、恩恵にあずかれるのでしょうか。誰でも簡単に、努力せず、すぐに、確実に成果が出るのなら、あなた以外の大勢も注目するはずです。また、その「誰にでもできるその方法」は、「あなたでなくても」実践できてしまいます。社会における価値とは需要と供給のバランスで決まるため、「できる人」が増えれば供給過剰となり価値は激減してしまいます。つまり、「簡単な方法」はあなただけでなく「誰にとっても簡単な方法」のため、価値はないのです。

　もう一度言います。**「一流の職業人」への道のりは、決してラクな道程ではありません。**さらに厳しいことを言えば、ほとんどの人は途中で挫折したり、あきらめてしまい、ゴールにたどり着くことはできないでしょう。だからこそ、希少価値があるのです。

　ここで、僕の自己紹介をしておきます。

　僕の専門領域はマーケティングです。過去20年以上、大企業の広告宣伝、PR、マーケティング業務の支援に携わってきました。ソーシャルメディアの黎明期だった2007年（当時34歳）のときに株式会社トライバルメディアハウスを創業し、以降16年にわたって300社を超える大企業のデジタルマーケティングやソーシャルメディアマーケティングの支援を行なってきました。従業員も100人以上にまで成長し、増収を続けています。その間に出版した本は単著・共著を含めて10冊以上、年間の講演回数は50回以上で、今までのべ3万人を超えるマーケターの育成にも

かかわってきました。

　そんな僕の今のポジションは、若い頃、特に20代での膨大な自己投資の結果、獲得したものです。本書は僕の経験をベースにしていますが、僕の周りで活躍している「一流の職業人たち」が若い頃に実行していた思考様式や行動原理も多く取り入れています。そんな「一流の職業人たち」は、眉間にシワを寄せて、ガマンにガマンを重ねて努力をしたのでしょうか。
　中にはそういう人もいるかもしれませんが、多くは「なにくそ！」「いつか見てろよ！」と反骨精神を燃やしながら、心のどこかでは自らの成長を楽しみながら努力を重ねてきたように思います。

　あなたは、「サザエさん症候群」という有名な病（？）をご存じでしょうか。
　多くの人は、金曜日の夕方が一番元気で、土曜日は楽しくすごす。でも日曜日の昼くらいから雲行きが怪しくなり、「サザエさん」が終わる時間になると「明日から仕事だー！」と憂鬱になる。それがサザエさん症候群です。

　1年間は52週間。金曜日の夕方は52回やって来ます。しかし同時に、日曜日の夕方（または月曜日の朝）も同じく52回やって来る。50年働くなら約2600回もの憂鬱がやって来るのです。そしてそれが月・火・水と続く。そんな人生が楽しいはずがありません。

　結局、人間は「仕事の充実」と「人生の充実」を切り離して考えることはできないのです。

　ワークライフバランスという言葉の普及・浸透にともない、仕事とプライベートのバランスを重視する働き方を志向する人が増えたように思います。そのこと自体に何の異論もありません。でも僕は、多くの人が持つワークライフバランスという言葉が持つ「意味合いの解釈」に強い違和感を感じます。

「ワーク」は辛い、苦痛、苦行。やりすぎると心も体も壊してしまう。だからやりすぎは良くない。楽しい「ライフ」とバランスを保って健康な生活を送ろうね、という解釈をしている人がとても多いように感じるのです。

仕事観も人生観も幸福観も人それぞれです。だから一概には言えませんし、極論「みんな好きに生きればいい」となるのですが、それでも僕は、ワークがつまらなかったら、どんなにライフが楽しかったとしても「人生トータルでの幸福感」は得られないと思っています。

また、**ワークライフバランスという概念を、これから伸び盛りの若者から、アガリの見えた中高年まで同じように適用しようとするのが間違い**だとも思います。そもそも本書を手に取ったあなたも、「こうした風潮はまやかしで、このままでは将来マズイのでは？」という思いがあるのではないでしょうか。

「一人前になった40代」や「一流の職業人」になった人にとっての「バランス」と、「これから一人前になることを目指す成長途上の若者」にとっての「バランス」が同じで良いとは思いません。「まだ半人前の状態」や「一流の職業人を目指す過程にいる人」は、バランスなど度外視し、もっと言えば大いに仕事や自己啓発に偏った「バランスが取れていない状態」を作らなければ、「人生トータルで考えた真のワークライフバランス」なんて実現できないと思っています。

僕は、コピーライターである梅田悟司さんが制作した日本コカ・コーラの缶コーヒー「ジョージア」の「世界は誰かの仕事でできている。」というコピーが大好きです。この短いコピーに、仕事の本質が凝縮されていると感じるからです。

仕事の本質は、誰かの役に立つことです。人の役に立ち、「ありがとう」と感謝される。人から直接感謝されなくても、社会をより良くすることに寄与する。人類や地球に小さな貢献の足跡を残す。こ

れこそが仕事の本質であり、目的であるはずです。

「仕事＝自己実現」「仕事＝自らの成長」「好きを仕事に」という最近の風潮は、大部分、僕も賛成です。しかし一方で、仕事の本質は「自分のため」ではなく「人のため」であるはずです。

　本書では、僕の考える「自分を育てる働き方」の具体的方法について解説していきますが、自分を育てる働き方のゴールはあくまで「人の役に立つこと」であり、自分自身が満足したり転職に有利なスキルを習得することではありません。その点だけ注意してください。

　本書で解説する「仕事論」は、「僕」という「サンプル数1」が学び、経験したことがベースに書かれていますが、できる限り再現性が高い内容になるよう心がけました。検索すれば何でも出て来る時代でも、講義動画を1.5倍速で視聴することが当たり前の時代でも、いかに効率的に成果を出すかが重視される時代でも、今も昔も古今東西、決して変わらない普遍的な「仕事に対する心がまえ」や「幸福な人生を送るための職業観」、そして「一流の職業人」や「業界で一目置かれる人」の多くが「実行」した自己投資や仕事術について順を追って説明していきます。

　あなたは今、「一流の職業人」になり「幸せな人生」を送る自己投資の旅の出発地点に立っています。「普通のままで終わりたくない！」「将来ヘタレな中高年になりたくない！」という人は、琴線に触れた箇所を1つずつ「実践」してみてください。

　そりゃあもう大変です。誰でもできるわけではありません。でも、やれば確実に、どんどん景色が変わっていくはずです。さあ、一緒に出発しましょう！

CONTENTS

自分の価値と給料を上げるために
知っておくべきこと

第 5 章

自分の価値を上げてくれるものは
"圧倒的な努力"だけ

第 6 章

自分を育てるセルフ働き方改革 ①
仕事への向き合い方

第 7 章

自分を育てるセルフ働き方改革 ②

コミュニケーション力を高める

第 **8** 章

自分を育てるセルフ働き方改革 ③

会社からの評価を
どう受け止めればいいのか?

第**9**章

自分を育てるセルフ働き方改革④
最強の自己啓発"読書"に投資しまくれ！

第 **10** 章

自分を育てるセルフ働き方改革 ⑤

アウトプットで自分を磨け! 自分の価値を上げろ!

ブックデザイン … bookwall   校正 … 小倉優子
本文DTP&図版制作 … 津久井直美   編集&プロデュース … 貝瀬裕一（MXエンジニアリング）

第1章

「最高の仕事」は
4つの要素でできている

「最高の仕事」とは?

　人生のゴールを「持続可能な状態で人の役に立ち、幸せになること」とした場合、それを実現するための「最高の仕事」には4つの構成要素があると考えています。それは**「高い収入」「高いスキル」「健康なメンタル」「仕事や会社の選択可用性」**の4つが成立している状態です。

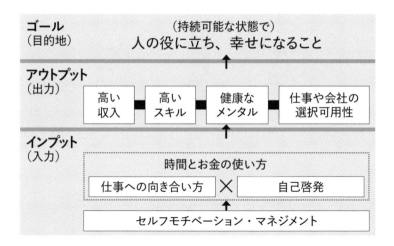

　この図の見方を説明しておきましょう。
　最上段に、人生のゴール「持続可能な状態で人の役に立ち、幸せになること」があり、それを実現するための「最高の仕事」の構成要素として「高い収入」「高いスキル」「健康なメンタル」「仕事や会社の選択可用性」があります。

　ポイントは、**この4つの構成要素はアウトプット（出力結果）であり、それぞれを直接コントロールできない**ことです。

たとえば、年収は高ければ高いほど良いですが（理由は後述します）、年収を直接コントロールできません。年収（＝アウトプット）を上げるためには、アウトプット（出力）に影響を与えるインプット（入力）が必要です。それが「仕事への向き合い方」と「自己啓発」、つまり時間とお金の使い方です。

　時間とお金の使い方は、あなた自身が決定し、行動に移せます。このコントロール可能なインプットを通して、直接コントロールできないアウトプット（高い収入とスキル、健康なメンタル、選択可用性）を高めるのです。

　そして、**仕事への向き合い方と自己啓発において最も重要なのが継続力です。**継続力は、自身のモチベーションを自ら高め、維持・向上させるセルフモチベーション・マネジメント力が重要となります。
　これが、本書で伝えたいこと全体の構造図です。それぞれ詳細に解説します。

✎ **work**

- あなたにとって「最高の仕事」とはどういうものですか？

- 今あなたがやっている「人の役に立つこと」は何ですか？

- お金と時間の使い方で心がけていることはありますか？

「最高の仕事」の構成要素①
高い年収

　幸せな人生を実現するための「最高の仕事」の1つ目の要素は「高い年収」です。わかりやすい目標値として年収1000万円が第一段階の目標となるでしょう。

☑ 年収1000万円への道

　日本では何人くらいが年収1000万円に到達しているのでしょうか。
　国税庁「令和2年分 民間給与実態統計調査」によると、日本人の平均年収は約433万円、厚生労働省「令和3年賃金構造基本統計調査の概況」「毎月勤労統計調査 令和3年9月分結果」「毎月勤労統計調査 令和4年2月分結果」によると、年収の中央値は約399万円でした。
　ちなみに、男女別の中央値は、男性が489万円、女性269万円と、まだまだ男女間で大きな差があるのが現状です。
　年収1000万円以上を稼いでいる人は全体のわずか5％（2018年、国税庁）しかおらず、「普通にやっていたら到達できない」ことがわかります。

☑ 幸せは買えないが、お金があると幸せが潤う

　言わずもがなですが、「幸せ」はお金では買えません。でも、お金があると幸せは「潤う」のです。
　どういうことでしょうか。
　本書では、**「人生のゴールは幸せになること」**と設定しています。
　では、幸せを構成する要素は何でしょうか。
　充実した仕事、十分なお金、良好な人間関係、家族や友人、健康、趣味、地域コミュニティなど、いろいろありそうです。

僕は、これらすべてに影響を与える重要な要素に「選択の自由」があると思っています。つまり、**「前提条件や制約条件が少ない状態で、やりたいことを、やりたいときに、やりたいだけ、やることができる」**ことです。

「自分が望むペース、望むスタイルで生きられる」「やりたいことがやれる」「行きたいところに行ける」「助けたい人を助けられる」——このような選択の自由度こそが重要であって、「高級品」をたくさん買えること自体に価値があるわけではありません。

　自分の想いや希望を叶えるための選択権を、常に自分が持っていることが重要です。しかし、お金がないと、選択権が制限されてしまうのです。

☑ お金がない不幸は選択肢が少なくなること

　たとえば、子どもが「留学したい」と言っているけれど、お金がないから行かせてあげられない。両親が住む家の老朽化が進んでいるけれど、お金がないから建て替えをしてあげられない。時短勤務にしたいけれど、生活費が足りなくなるからフルタイムで働かなければならない。これらはすべてお金がないことによって引き起こされる「あきらめ」です。

　お金は、自分の欲求や想い、希望を叶えるための選択肢を広げてくれるものであり、お金自体が僕たちを幸せにしてくれるわけではありません。しかし、お金がないことは確実に僕たちの生活に「制約」を作り、「妥協」を生み出します。「お金があるからできること」を増やすというより、「お金がないからあきらめること」を減らせたほうが、人生の幸福度は高まる気がするのです。

　僕は、お金について一番幸せな状態は、お金について考える必要がない状態だと思っています。

「自分はこうありたい」「これをやりたい」「あそこに行きたい」「あの人にやってあげたい」「助けてあげたい」——そう思ったときに、お金の心配をせずに実行できるだけのお金があること、**お金で想いや希望をあきらめることがない状態が、お金について一番幸せな状態**だと思うのです。

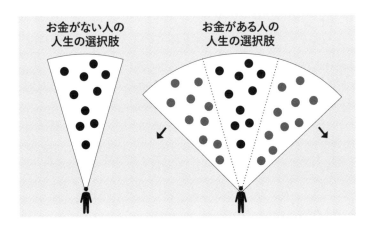

お金がない人の
人生の選択肢

お金がある人の
人生の選択肢

「お金が欲しい！」「たくさん稼ぎたい！」ではなく、「自分にとって幸せな人生とはどんな状態か？」、そして「実現するためには（何1つあきらめなくてもよくするには）いくら必要なのか？」ということです。

　結局、お金が主語になっている時点で、お金に支配されています。「年収を上げたい！」「もっと稼ぎたい！」が口グセの人は、**「何のためにお金を稼ぎたいのか？」、目的の解像度を上げましょう。**

☑ 給与は3つの要因で決まる

　ユニバーサル・スタジオ・ジャパン（USJ）をV字回復させた立役者、森岡毅さんは、著書『苦しかったときの話をしようか』（ダイヤモンド社）の中で、給与が決まる要因として、スキルの需要と供給状況、業界の構造、代替困難性の3つを挙げています。

　僕なりに少し噛み砕いて説明しましょう。

① 職能の価値：スキルの需要と供給状況
　この世のほとんどのものの価値（≒価格）は、需要と供給のバランスで決まります。

　僕はサバの塩焼きが大好きで、よく食べるのですが、会社の近くの定食屋さんで800円で食べることができます。あんなにおいしいのに！

　サバの価格が安いのは、需要が多い分、供給も多いからです。それに

対してアワビが高いのは、おいしいだけではなく、希少だからです。も
しアワビがサザエと同じくらいの供給量だったら、価格はかなり安くな
るはずです。

　外部労働市場も同じです。
　あなたのスキルが、今の時代に、猛烈に必要とされており、でもその
スキルを持つ人材が労働市場に少ない場合、需要過多となり、あなたの
スキルは高値となります（逆の場合は、供給過多となり、安値になる）。
　現在、そしてこれから数年は需要過多が続くと予想される代表的な職
能は、ITエンジニアやWebエンジニアです。エンジニアの給与が高い
理由は、専門性や特殊スキルもありますが、「圧倒的な需要過多」だか
らです。

② 業界の構造：業界特有な構造的な年収の限界
　漁師さんを例に考えてみましょう。
　同じ漁師という仕事でも、何を獲るかによって、年収は大きく異なり
ます。養殖か、天然か、近海か、遠洋かによって変わりますが、こんな
序列です。

ホタテ ＜ イカ ＜ カツオ ＜ マグロ ＜ カニ

　市場価値が高い魚種を獲っている漁師は、年収も高くなる傾向があり
ます。つまり、カニ漁師のほうが、ホタテ漁師よりも儲かる。

　会社も同じです。
　外資系コンサルティングファームや、投資銀行の年収が高いのは、優
秀な人材が働いているからという理由もありますが、そもそも会社の利
益率が高いからです。つまり、儲かる商売ということです。ボストン・
コンサルティング・グループやマッキンゼーなどの大手外資系コンサル
ティングファームは、平均営業利益率が20％といわれています。一般的
なコンサル業でも、10％はあるでしょう。

一方、流通大手のイオンの営業利益率は2.5％です（2020年実績）。就職・転職先として流通業を選択した時点で、一定の額までしか給与が上がらない（or とても上がりづらい）業界を選んだという自覚が必要です。

　勤めている会社が属する業界が儲かる業界なのかどうか？
　給与は会社が儲けることができる利益とのバランスで決められるため、そこで働く人の年収も、ある程度業界特性で決まってしまうということです。

③ 成功度合いによる違い：代替困難な能力の有無

　これは大事なことです。
　今までの職能の価値（需給バランス）と、業界構造は、自分で努力しても変えられません。変えられるのは、「自分がそれを選ぶか／選ばないか」だけです。
　しかし、この**成功度合いによる違い（代替困難）は、自分の努力で高めることができます。**どういうことかと言うと、同じ業界・同じ職能（スキル）であっても、会社ごとに代替可能な人と代替困難な人がいて、代替困難な人は価値が高いから給料が上がるという話です。
　たとえば、青果卸売業の人事・総務部に勤める山田花子さんという35歳の女性がいたとします。
　東京都中央卸売市場で営業する青果卸会社10社の2017年度の営業利益率は0.4％。業界の構造としてはかなり厳しい。ですから、この業界を選んだ時点で、それほど高い年収は期待できないということです。

　そんな青果卸会社の人事・総務部に勤める山田花子さんは、大学卒業後、新卒で入社して13年目。そろそろベテランです。総務部は、書類管理、法務や契約関係、情報システム、広報、Webサイトの運営、商品の安全衛生、社内イベント管理など、細かい仕事をたくさん抱えています。
　花子さんは、あらゆる総務業務を経験し、今ではどんな仕事も早く、丁寧にこなすことができます。もう立派な総務のエキスパートです。
　さて、ここまでだと、職能の価値としての「総務業務のエキスパート」で終わりです。でも花子さんは、ここからが違います。

花子さんは、約600人いる社員全員の名前、顔、家族構成、趣味など
を記憶していて、社内ですれ違う人全員と楽しそうに会話をしています。

「今度、東京マラソン出るんだって!?　今度こそサブスリーがんばってね！
応援してる！」
「子ども生まれたんだよね、おめでとう！　太郎くんはお兄ちゃんにな
るんだね！」

　人事総務という仕事は、その会社で働く社員をサポートするバックオ
フィス的役割を担うため、社内での顔の広さや、日々のコミュニケーション
ションによる相互理解・相互信頼が相談のしやすさによる相手の満足度、自
分の仕事のやりやすさにダイレクトに効いてきます。そのため、花子さ
んのデスクには、いつも誰かが相談にやって来ます。

　そんな花子さんが、ふとしたきっかけで人材エージェントに申し込み、
キャリアアドバイザー（CA）と面談をしたとします。CAは「この人は
すごい！」と感じ、さまざまな求職企業に打診したところ、すべての企
業が面接を希望し、5社から内定が出ました。
　花子さんの現年収は360万円。オファー平均は450万円。

　迷った花子さんは、部長に相談をします。部長は、「花子さんに辞め
られちゃ、うちがヤバイよ！」と、必死に引き止め交渉をします。年収
90万円の幅はさすがに全額は埋められないものの、中間の400万円で落
ち着きました。花子さんも、今勤めている会社が大好きなので、とても
満足しています。

　さて、ここまでの話で、どこがポイントだったかわかりますね？　業
界の構造は業界内の全員が同じ条件、職能スキルも幅はあっても劇的な
差はつきづらいかもしれません。
　でも、花子さんは、「代替困難性」が圧倒的に高かった。つまり、花
子さんの代わりを社内および外部労働市場で探すのは極めて難しい。だ
から、「花子さんじゃなきゃダメなんだ！」となるのです。そうなれば、

厳しい業界構造であっても、天下一品の職能スキルがなくても、給料は上がります。

　ということで、お給料は、**職能の価値（需給バランス）、業界の構造、代替困難性の3つによって決まります。**
　だから、給与を上げることだけを考えるのなら、需要過多・供給過少な職務や職能を身につけ、儲かっている業界の企業に就職・転職し、そこでスキルだけではない代替困難性を高める。これが最強の3重奏です。

　でも、ですね。
　高いお給料をもらっていても、仕事を通して、幸せを感じていなかったら何にもなりません。現に高い年収をもらっているのに、幸せではない人はたくさんいるし、給与を下げてまで転職をする人もいます。
　人にもよるでしょうが、多くの人にとっての人生のゴールは、幸せになることです。お金は大切ですが、人生の幸福というゴールを達成するための手段の1つにすぎません。給料が高ければ必ず幸せになれるというものではないのです。

　福井県に白浜荘という越前ガニと甘エビで有名な老舗宿があります。数多くのテレビ番組で取り上げられ、その宿を一躍有名にしたのは、カニむきの速さ日本No.1と称される名物女将、「ムキムキみっちゃん」こと板倉美津子さんの存在です。
　今や、ムキムキみっちゃんに目の前でカニをむいてもらいたくて、福井の旅館に県外からたくさんのお客さんが押し寄せるそうです。

　なぜムキムキみっちゃんは、これほど人気なのでしょうか？
　それはきっと、代替困難性を高めるためにたゆまぬ努力をしたからではなく、「せっかく来てくださったお客様に喜んでいただきたい」「そのためにはどんな技とトークとともにおいしいカニをご提供するべきか」を追求した「結果」なのだと思います。逆説的ですが、代替困難性は（利己ではなく）利他の精神の先にあるものだと感じます。

僕は、代替困難性と人生幸福度には高い相関がある気がしています。だから、**自分の人生で成し遂げたいミッションの中で、代替困難な人間になり、結果としてお給料が増える。**それが一番「幸せになるお給料の増やし方」だと思います。

✎ work

- あなたの目標年収はいくらですか?

- なぜその金額が欲しいのですか?

- いつまでにその年収を実現しますか?

「最高の仕事」の構成要素②
高いスキル

　幸せな人生を実現するための「最高の仕事」の2つ目の要素は「高いスキル」です。高いスキルさえあれば、良い仕事ができる。これは皆さんにも容易にイメージできるでしょう。

☑ 「皆から頼りにされる」という極上の快感

　仕事の本質とは「人から感謝されること」「社会の役に立つこと」です。本書をお読みの皆さんにはそんな「最高の仕事」をしていただきたい。さらに、もうひと言付け加えるならば、「人に感謝される仕事」で「皆から頼りにされる」という極上の快感を味わっていただけたら最高です。「あなたがいれば、できるかもしれない」「これはあなたにしかできない仕事だ」「あなたに頼みたいのです。ほかの人ではダメなのです」——これに勝る歓びがあるでしょうか！

「高いスキル」の定義には、専門的であること、専門的人材の中でも突出していること、人材市場が需要過多（企業の募集量に対して該当する人材が不足している売り手市場）であること、代替困難であることなどが挙げられます。

☑ 「その道の第一人者」になろう

　皆さんの中には、すでに働く業界、職務（営業やマーケティングなど）、職能（部長やリーダーなど）を決めている方も、今まさに考えている最中という方もいるでしょう。どちらにせよ、僕は勝負する業界や職務を決めたのなら、「その道の第一人者」を目指してほしいと思っています。

　なぜ第一人者ポジションを目指す必要があるのか。

理由は、圧倒的に楽しいからです。先ほど紹介したように、「あなたじゃなければダメなのです」と言われる希少な存在だからです。ただし、誰でも簡単になれるわけではありません。第一人者は1人、もしくはごく少数しかいません。

　なるためにはステップアップが必要です。**まずは、チームや部署の中で当該テーマの第一人者となる。次に、会社の中で一番詳しい人間になる。そして書籍、講演、メディアへの寄稿や取材対応、SNSやブログなどを通して「業界の第一人者」に上り詰めて行く。**
「別にあなたじゃなくてもできるけれど、これよろしく」という仕事と、「あなたじゃなければダメなのです」と言われる仕事——どちらが楽しくやりがいに満ちているか？　明らかですよね。
　一度きりの職業人人生、ぜひ「その道の第一人者」を目指してください。

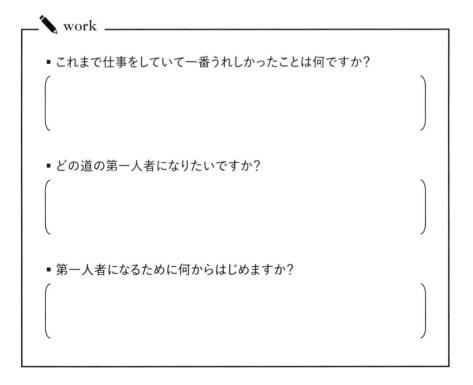

　✎　**work**

▪ これまで仕事をしていて一番うれしかったことは何ですか？

▪ どの道の第一人者になりたいですか？

▪ 第一人者になるために何からはじめますか？

☑ スペシャリストとゼネラリスト

　誤解している方が多いので、スペシャリストとゼネラリストについて説明しておきます。

　「○○のスペシャリストになりたいです！」という人は多いですが、「○○を実現するゼネラリストになりたいです！」という人はほとんどいません。きっと、スペシャリストは手に職がつくから、転職もしやすいし、長期間メシが食えるイメージがあるのだと思います。

　一方のゼネラリストは、調整役だからストレスも多いし、転職しにくそうだし、手に職がないから、「万が一会社がコケたらメシが食えなくなりそう」という印象があるのでしょう。

　なぜこんなにもゼネラリストのイメージは悪いのでしょうか。

　戦後の日本企業は、少品種大量生産の効率性を最大化するために、あえて職務分掌や権限を明確に分けず、「みんなで決めて、みんなでやろう」という組織を意図的に作ってきました。そのため、日本企業の多くは「職能給制度」を導入して、「あなたは、うちの会社内で、だいたい○○ができる人ですね」という"職能"を評価し、年功序列賃金と連動させました。

　それに対して、欧米企業の多くは「職務給制度」ですから、職能ではなく、当該職務の遂行能力を評価し、給与を支払います。

　多くの会社員は、CDP（Career Development Program）の旗印のもと、長期間にわたり、いろいろな部署で、いろいろな経験を積まされ、いろいろなことができる企業特殊的技能（その企業内でしか通用しない極めて文脈的な職能。人間関係や社内政治力など）を習得します。

　その結果、多くの50〜60代がいわゆる世間一般でイメージされているゼネラリストとなりました。しかし、これは別に悪いことばかりではありませんでした。ほかの会社では役にも立たない企業特殊的技能だとしても、終身雇用が保障され、社歴と経験がものを言う職能給・年功序列

賃金だから給与は年々上がりました。

　何より、市場も企業も成長しているときは、その企業特殊的技能が、阿吽の呼吸によるハイコンテクストな社内調整弁となり、日本企業特有の競争力の源泉になりました。

　しかし、1990年代初頭にバブルが崩壊し、失われた20年（30年）がはじまると、企業は終身雇用も年功序列も維持することが難しくなってしまいました。多くの会社で早期退職優遇制度が導入され、少なくない数の終身雇用人材が初めて転職市場に出たとき、悲劇は起こりました。

「あなたは何ができますか?」
「私は部長ができます!」

　こんな一昔前の笑えない笑い話。
　この印象が強烈すぎて、「日本のサラリーマン＝社外に出たら役に立たない企業特殊的技能＝ゼネラリスト＝未来はない」というゼネラリスト悲観論が広がり、その反動でスペシャリスト志望者が増えたのだと推察します。

　でも、僕は「ゼネラリストは捨てたものじゃない」、いやそれどころか、**「大きなことを成したいのなら、スペシャリストではなく、ゼネラリストを目指すべきだ」**とすら考えています。

　ここで言うゼネラリストは、企業特殊的技能でも、単なる調整役でも、何でもできるけど、何にもできない人でもありません。**各領域の超優秀なスペシャリストたちを率い、とりまとめ、動機づけ、目的を達成させる"スーパーゼネラリスト"**を指します。

　スペシャリストには、「I型人間」（一本の専門領域が深い人）が多い。大きなプロジェクトを完遂するためには、多様な分野のスペシャリストでチームを組む必要がありますが、当然、高度に専門特化したスペシャリストが10人集まっただけでは強いチームは作れません。

そこにはリーダー、別の言い方をすると、指揮者が必要です。

　たとえば、オーケストラには、ヴァイオリン、コントラバス、フルートなど、多様な楽器奏者がいます。このプロ奏者たちを見事にまとめ、最高の音楽を奏でるためには、優秀な指揮者が必要不可欠です。それが、スーパーゼネラリストなのです。

　指揮者は、あらゆる楽器の演奏技術において、演奏者にかないません。にもかかわらず、オーケストラは、指揮者がいなければ成り立たない。

　なぜでしょう？　指揮者の役割について、とてもわかりやすいまとめがありますので、引用します。

　現在ではむしろ、楽員の意向をすくい上げ、彼らひとりひとりの「やる気」を最大限引き出すことができるような人が、指揮者としては成功しているようです。時には自分より年齢も経験も上の個性豊かな演奏家たちをその気にさせ、能力とやる気を存分に引き出しつつ、自分が描いた設計図通りに音楽をまとめ上げる。指揮者には、まさに、常人以上の「人間力」が求められているといえるでしょう。

（出典：公益財団法人NHK交響楽団）

　いや、驚きました！　オーケストラの指揮者として何よりも大切なのは人間力であると。

　これを知って、昔からの仮説が確信に変わりました。各領域のスペシャリストをまとめ上げるスーパーゼネラリストに最も求められるスキルは、「人たらし力」であると。

　なお、ゼネラリストとスペシャリストについては、第4章でさらに詳しく解説します。

☑ IQで劣るならEQで勝負しよう

「高いスキル」は、IQ（Intelligence Quotient：知能指数）の高さと連動していると考える人が多いでしょう。確かに、「頭の良さ」は重要な要素です。しかし、仕事においてそれだけで十分でしょうか。

「高いスキル」は、手段であって目的ではありません。目的は「仕事で高い成果を出すこと」です。そして、大きな仕事であるほど、多くの人間が関与する大きなプロジェクトになります。そんな**チームを率いて成果を出す「高いスキル」には、EQ（Emotional Quotient：心の知能指数）が必要不可欠です。**

　EQとは「心の知能指数」。わかりやすく言えば、**「人たらし力」**です。

　皆さんの周りに、次のような「ひまわりみたいな人」はいませんか？

・その人と話すと元気になる
・その人と話すと笑顔になる
・その人と話すとスッキリする
・その人と話すとワクワクする
・またすぐにその人と会いたくなる
・その人がいると場がパッと明るくなる

こんな「人たらし力＝高いEQ」の持ち主は、次の恩恵に預かります。

・その人の夢を一緒に叶えたくなる、応援したくなる
・（自分の力で）その人を笑顔にしたくなる
・困っていたら力を貸してあげたくなる
・その人に頼りにされたくなる
・その人に感謝されたくなる

　大きなプロジェクトを完遂するためには、多様なスペシャリストがチームを組む必要があります。そして、チームには必ず指揮者が必要です。その指揮者こそが、EQの高いスーパーゼネラリストであり、場合によっては各スペシャリストよりも高い市場価値を有するのです。

☑ 「コミュ力が高い」とは「交信可能な周波数」の レンジが広いこと

わかりやすく言ってしまえば、EQとは「コミュ力」です。

多くの人の持つ「コミュ力が高い人」とは、人見知りしない、明朗快活、よく笑う、相手の目を見て話を聞く、うなずき上手、空気や行間や文脈を読む……といった人を指すと思います。

しかし、これらはコミュ力が高い人の1つの類型です。

確かに、こういう人は話していてとても気持ちが良いし、目立ちます。

では、この世間一般的な「コミュ力が高い人」が、どんな人とでも同じレベルのコミュニケーションがとれるのかというと、必ずしもそんなことはありません。相性が良い人とは盛り上がれるけれど、相性が悪い人とは必ずしもうまく関係を作れないというのでは「普通の人」です。

本当にコミュ力が高い人とは、相手の周波数に合わせて、自在にダイヤルを合わせられる人。ダイヤルのレンジが広い人です。

多くを語らない寡黙な人、後ろ向きでグチっぽい人、いつも不機嫌で怒りっぽい人、自慢屋の人、皮肉屋の人……いろいろな人がいます。一緒に仕事をする人がどんなタイプかは、組んでみるまではわかりません。

自分と似たタイプ、もしくは自分が得意とするタイプ（周波数を合わせることができる）の人とは気持ち良いコミュニケーションがとれるけれど、「あっ、この人苦手！」「私、あの人とは合わないんですよねえ」と言う人は、まだダイヤルのレンジが狭いのです。

本当の「コミュ力が高い人」は、相手と30秒話しただけで、おおまかな周波数のアタリをつけ、以降、会話を進める中でダイヤルを完璧に合わせて相手とクリアな交信をすることができます。

コミュ力とは周波数のレンジの広さと、それを合わせるスピードの速さ。何も元気いっぱいで声が大きいだけがコミュ力ではありません。慣れるまでは、初対面の人と会うときは頭の中にダイヤルを置き、「どの

あたりかな〜」とカチカチ合わせるイメージを持つと良いですよ。

☑️ 「どこに行っても食っていける能力」とは?

　スペシャリストのリスクは「スキルの陳腐化」といわれます。
　爆速で環境が変化する現代、いかに高度な専門スキルを有していたとしても、顧客のニーズや業界構造の変化、新しいテクノロジーの登場などによって、重宝されていたスキルがいきなり重要なものではなくなってしまう。
　ネットやSNSの普及によって、知識や正解のコモディティ化が進展しています。「知っていること」の優位性はどんどん下がり、それをいかに競合に先駆けて実行し、成果を出せるかが勝敗を決める時代でもあります。

　また、今は「VÜCÄの時代」ともいわれます。
　VUCAとは、「Volatility（変動性）」「Uncertainty（不確実性）」「Complexity（複雑性）」「Ambiguity（曖昧性）」の頭文字を取ったもので、先の見通しがつかず、従来の業務のやり方を変えざるを得ない会社が急増していることを示す概念です。

　現代は、正解がコモディティ化する時代であると同時に、「正解なんてない時代」とも言えます。そんな時代において「高いスキル」と言えるのは、**「知らないことや、やったことがないことを高速で学習し、短期間で一定レベルまで習得する高速学習力」**なのではないでしょうか。

　これからの時代、「誰かが正解を持っていて、それを学べばできるようになる」ことはどんどん少なくなっていくでしょう。であれば、「正解なんてない」ことを前提とし、自らの努力でどのように正解を導き出すか、または知らないことややったことがないことを短期間で習得し、できるようになることこそが他者よりも優位に立つ競争優位の源泉になるはずです。

「最高の仕事」の構成要素③
健康なメンタル

「最高の仕事」の3つ目の要素は健康なメンタルです。

☑ 健康なメンタルは「最高の仕事」をするための最重要項目

　もちろん、健康な身体は重要です。しかし、その健康な身体をも蝕んでしまうのがメンタルです。

　厚生労働省「労働安全衛生調査」によると、仕事や職業生活に関することで強い不安、悩み、ストレスを感じている労働者の割合は、平成28年（2016）で59.5％。高い数値で推移しています。また、「仕事や職業生活に関する強い不安、悩み、ストレスを感じる」とした人の内容を見ると、「仕事の質・量」「仕事の失敗、責任の発生等」「対人関係（セクハラ・パワハラを含む）」が高い。

　さらに、経済協力開発機構（OECD）のメンタルヘルスに関する国際調査によると、日本国内のうつ病・うつ状態の人の割合は、2013年調査では7.9％だったのに対し、新型コロナウイルス流行後の2020年には17.3％と約2倍に増加。リモートワークの普及、コミュニケーションの減少、成果主義人事の浸透などがメンタル不調のトリガーになっていると推察されます。

　仕事はフルマラソンと同じく、瞬発力よりも持続力が大切です。長く健やかに働きつづけるためにも、健康なメンタル維持は社会人にとって最重要項目といえるでしょう。

☑ 「楽観的な心配性」になろう

　僕は、いつも元気に見えることから、人から「池田さんっていつも元

気ですよね」「ポジティブですよね」「決断が早いですよね」とよく言われます。

でも僕、実は「超」がつくほどの心配性なのです。過去10年以上にわたって年間50回以上行なっている外部講演も毎回「今日も満足していただけるかな……」と緊張していますし、会社の方向性を決める意思決定をするときは、いつもうまくいくかどうか心配で仕方がありません。

そんな心配性だからこそ、あらゆる失敗する可能性を考え、それらすべてを回避するよう思考を巡らせます。
「心配なことがある→回避策を考える→心配なことがある→回避策を考える」ということを四六時中やっているので、結果として意思決定が早くなるのです。なぜなら、リスクを回避するシミュレーションがすでに完了しているからです。
でもそれは他人にはわからない。だから、はたから見ると「すぐに意思決定ができる決断力が早い人」に見えるようです。

もう1つ心がけていることがあります。
それは、**「楽観的な心配性であれ」**。心配なことを悲観的に考えても良い結果は生まれません。石橋を叩きすぎて壊してしまうのがオチです。

心配だから、いろいろと考える。でも、最後は「ここから先はやってみなければわからない！」「がんばるだけがんばって、それでもダメならしかたがない！」と考えるようにしています。だって、未来のことなんて誰にもわからないじゃないですか。

あらゆるリスクとその回避法を考える。やると決めたら最大限の努力をする。そのうえで、心の限界地点に常に「失敗したって死ぬわけじゃない」「たかが仕事だ」という逃げ道を用意しておく。これが心を折らせない僕なりの処世術です。

☑ 「適度なストレスとストレッチ」が持続可能な成長を生む

健康なメンタルが大事だからといって、「ぬるい仕事」ばかりしていては成長できません。成長とは、「できなかったこと」が「できるよう

になること」です。つまり、「**できないことにチャレンジする**」ことが大前提なのです。

　大事なのは、「適度なストレスとストレッチ」です。
　ストレスという言葉にはネガティブな印象がありますが、ストレスにも「良いストレス」と「悪いストレス」があります。
　何か新しいことにチャレンジするときは、意欲や情熱などのエネルギーが必要です。顧客に新しい提案を行なう、客先でプレゼンをするなどの行為は、適度な緊張感とともに心を高揚させます。これらは良いストレスであり、むしろなければ高いパフォーマンスは出せません。

　一方の悪いストレスは、人間関係での悩みや、多すぎる業務量、難しすぎる業務内容などによって生じるものです。ゼロにはできないかもしれませんが、できる限り少なく、そして恒常的に抱えつづけてはいけません。

　もう1つ大事なのが、適度なストレッチ。
　仕事は、簡単すぎても難しすぎても面白くありません。
　自身のスキルに対して課題の難易度が高すぎれば「不安」になり、低すぎれば「退屈」でやりがいを感じません。この中間の仕事に取り組むことがフロー状態を作り出し、パフォーマンスを向上させることにつながります。

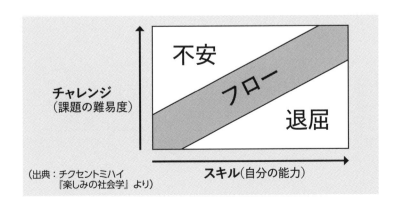

✏️ work

- 健康なメンタルを維持するために行なっていることはありますか?

- もしやっていなければ、これから何に取り組もうと思いますか?

- 自分にとって「適度なストレスとストレッチ」は何だと思いますか?

「最高の仕事」の構成要素④
仕事や会社の選択可用性

「最高の仕事」の4つ目の要素は「仕事や会社の選択可用性」です。

☑ 自由とは選択肢が多いこと

20ページの「高い年収」のところでも述べた通り、自由とは持っている選択肢が多いこととも言えます。「やりたくない仕事をガマンしてやりつづけなければならない」「会社のことは嫌いだけれど、転職できる自信がなくて辞められない」などは、「選択肢がない／少ない」状態で自由ではありません。

今の会社で働きつづけるか否かを自分で決められる──これが自由です。

☑ 雇われる能力「エンプロイアビリティ」を鍛えよう

そのためには、雇われる能力「エンプロイアビリティ」が必要です。起業したり、フリーランスになる人は少数派ですから、大半の人はどこかの企業に雇ってもらわなければ仕事をすることができません。

そのとき大事なのがエンプロイアビリティ。今いる会社だけで使える企業特殊的技能（社内の人間関係や政治力、その企業特有の処世術など）ではなく、どこの会社でも使える専門性が高いポータブルなスキルです。

注意したいのがエンプロイアビリティは時代とともに変わることです。

一昔前は素直で従順な人間が重宝されましたが、**環境変化のスピードが速く、正解がない時代では、チャレンジ精神や実行力、自ら学び動く自律性やストレス耐性などが求められます。そして当然ですが、その時代に求められる職務スキルを有していることが必要です。**

転職する気があろうとなかろうと、「今の自分のエンプロイアビリティは高い状態か？」「どうすればさらにエンプロイアビリティを高めることができるか？」と自らに問い、日々の仕事に向き合うことが大切です。

☑ 「真の安定」とは会社に依存しなくてもよい状態のこと

「JTC」という言葉があります。「Japan Traditional Company」、つまり日本を代表する歴史ある伝統的企業のことですが、しばしば「大企業病」「古臭い」「保守的」という文脈で使われます。それでも、いまだに新卒の就職活動における人気企業ランキング上位はJTCが独占しています。人気の理由は「安定」なのでしょう。

しかし、僕は問いたい。そもそも「真の安定」とは何でしょうか。
倒産リスクの低い大企業に就職することでしょうか。
でも、「絶対につぶれない」と言われていた銀行や保険会社が倒産する時代です。もし、倒産してしまったらどうするのでしょう。
たとえ倒産しなくても、望まぬ転勤や片道切符の出向などを命じられたらどうしますか？ 経営不振によって給与が下がってしまったら、そしてそれが一過性のものではなく、どうやら定年まで望むほど給与が上がらないことがわかったらどうしますか？

真の安定とは、所属する会社の知名度や規模ではなく、いつなんどき、どんな状態になったとしても、自らの意思とスキルで望む仕事をし、給与を維持・向上させられることでしか得られないのです。
今、あなたは安定した仕事やお給料を得ることができているとして、それは所属している会社のおかげですか？
それとも、あなた自身のスキルによるものですか？
今の会社でなくても、同じ（安定した）状態を自らの行動とスキルで再現することはできますか？

真の安定を手に入れるべく努力してください。

- 現在、お金やスキルの不足が原因で「選択できないこと」はありますか?

- それはどんなことですか?

- どれくらいのお金とスキルがあれば選択できるようになりますか?

第2章

「理想の自分」に
なるための戦略

「あの人みたいになりたい！」が
一生かなわない理由

「あの人みたいになりたい！」と思わず憧れてしまう人は、誰にもいますよね。

たとえば、ビジネス系のタレント、人気YouTuberやインフルエンサー、ベンチャー経営者や有名企業の要職に就いている人、業界内で一目置かれている人など。そういう人は、オンラインサロンを主催していたり、セミナーに登壇する機会も多い。そのうえプレゼンの名手が多いので、1回話を聞いたら最後、「この人、スゲー！　この人みたいになりたい！」と、なってしまいがちです。

その気持ちは、とてもわかります。

お手本になるロールモデルができると、何をやったら良いのかが少し具体的になるため、前に進んでいる（夢に近づいている）気になれます。

でも、1つだけ注意しましょう。**あなたは、その人にはなれません。**

大切なことだから、もう一度言います。あなたは、その人にはなれません。

その人たちは、10万人、人によっては100万人に1人というレベルの成功者です。持って生まれた才能、人の何倍もの努力、それを持続させた情熱や継続力、人を惹きつけるキャラクター、テレビやYouTubeやTwitterでの表現力、講演やセミナーでのプレゼン力、一度会ったらファンになってしまう人たらし力、そして肝心の仕事力と実績、極めつけは、これらすべてが折り重なって異彩を放つことになった時代的タイミングと強力な運——これら無数の変数が芸術的に組み合わさることで生み出されたモンスターたちであり、統計でいう「異常値」なのです。

✓ 成功者が語る成功法則が役に立たない理由

　僕は自己啓発書が大好物で、20代の頃は、八重洲ブックセンターなどの大型書店の自己啓発書棚に並ぶ本を片っ端から読みまくる成長オタクでした。

　僕の心の師匠は（落合陽一さんの父親である）落合信彦氏。

　ですが、その存在が常人離れしすぎていたためか、「ノビー（落合氏の愛称）みたいになりたい！」とは思い（え）ませんでした。それが幸いして、僕は僕なりの自己啓発道を極めました。

　ポイントは、**主語が自分であること**です。

　ロールモデル的な有名人（インフルエンサー）に強く憧れすぎると、主語が相手になってしまう。その人のものの見方、思考様式や考え方、行動規範、美意識、価値観を、そのまま自分に当てはめようとしてしまいます。

　でも、成功者が語る成功法則は、たいてい結果論なのです。狙って当てた人もいるでしょうが、大半が結果論。

　キャリアというのは、計画的、線的につなげていく人と、（良い意味で）行き当たりばったりでいろいろなことをやって、「あとから俯瞰して眺めたらモザイクアートみたいになっていた！」みたいな人との2種類があります。

　どちらにしても、成功者の歩んだ道を、なぞるように歩くことはできません。仮にできたとしても、先に言ったように、前提条件が違いすぎて、同じゴールにはたどり着きません。

　戦略は、狙ってやったかどうかと、再現可能かどうかがすべてです。

　多くの人が、成功者が提唱する成功法則を真似しますが、99.9％がうまくいきません。理由は、再現可能性が極めて低いからです。

　数年前、知人に誘われて、ある著名なビジネス系タレントが登壇する

セミナーに（聴衆の1人として）参加する機会がありました。会場は今をときめく「成功者」の話を聞くべく、大学生から30代くらいまでの若手ビジネスパーソン数百人で満員です。

持ち前の話力で会場を魅了する登壇者。僕の横には、その金言を一言も漏らすまいと必死にメモを取る若い男性が座っていました。

目をキラキラさせて登壇者の話を聞く若者からは、「この人の言う通りに行動すれば、僕もあの人のようになれる」という強い決意がにじみ出ているようでした。そしてそれは彼に限った話ではなく、会場全体を覆っていたのです。

登壇者の話はとても興味深いものでしたが、僕は終始「危ないな」、さらに言えば「罪なことだな」とすら思いました。なぜなら、登壇者が「自分はこうだったけれど、皆がそうだとは限らない」という話し方ではなく、「自分はこうしてうまくいった」「みんなもそうすべきだ」と、自身の能力や環境の特殊性を排除した話し方をしていたからです。

あなたが憧れるあの人とあなたは、何もかもが違います。

生まれ育った家庭環境も、幼少期や青春時代の原体験も、持っている才能も、努力の総量も、情熱や継続力も、キャラクターも、表現力も、生きている時代も、運も、すべてが違いすぎる（大小・高低だけでなく種類も違う）。だから、その人を真似ても、再現することは土台無理な話なのです。

だからあなたは、その憧れの「人」を真似るのではなく、その人の在（あ）る「状態」をゴールにしてください。そして、そこに到達するために、自分の強みと弱みをしっかり把握し、**ゴールと現在のギャップを、いつまでに、どうやって埋めるのかをプランニングし、「それは本当に自分にできるのか？」と実現可能性を検証するという当たり前のことをすれば良いのです。**

そもそも再現不能なことはいさぎよくあきらめる。その代わりに、自分にとって、実現可能な戦略を練り、実行する。

経営は、「右手にロマン、左手にソロバン」といわれますが、キャリアも同じです。情熱や憧れと、冷静な思考と戦略性。クールに考え、ホッ

トに動く。

あなたは、あなたにしかなれません。
「理想の自分」「最高の自分」を目指しましょう。

✎ **work**

- あなたが憧れている人は誰ですか?

(   )

- 憧れている人の在(あ)る「状態」はどんなものですか?

(   )

- そのゴールと現状のギャップは何ですか?

(   )

- ギャップを埋めるために何が必要ですか?　何からはじめますか?

(   )

うまくいかないのは 「戦略」 が悪いから

では、「理想の自分」「最高の自分」に、どう近づくのか?
その道程を考えるのが「戦略」です。
たとえば、「お金持ちになりたい!」と考えたとします。でも、その
ままだとほぼその夢(目標)は叶いません。なぜなら、その目標は粒度
が粗いからです。今風に言えば「解像度が低い」。

☑ 問題点と課題の違い

目的達成の構造を整理します(目的と目標の違いはあとで整理します)。

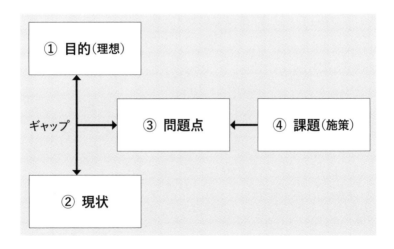

① 目的:なぜそれを成したいのか?　なぜそういう状態になりたいのか?
② 現状:現在の状態は?
③ 問題点:①と②のギャップ(理想と現実の差)

④ 課題：問題点を解決するための施策

　この構造は万国共通、時代に関係なく、普遍的で、不変です。この構造に沿って、多くの人が突き当たる状態について見ていきましょう。

・お金持ちになりたい

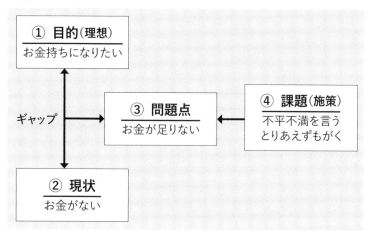

・年収1000万円が欲しい

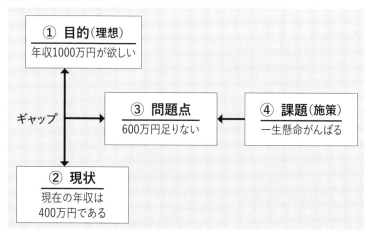

　数字が入って、ちょっと具体的になりました。でもまだまだ。

・何者かになりたい

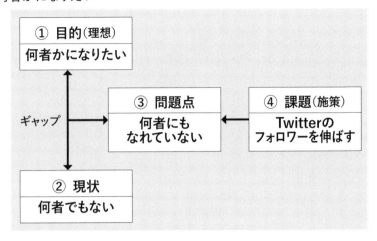

Twitterに多く生息する人たちです。

これらはすべて目的の解像度が低いため、筋の良い問題点が出て来ません。そのため筋の良い課題（施策）に落ちません。この点が共通しています。

でも、その前に、根本的な問題があります。

目的が単なる欲求である。

「お金持ちになりたい」「年収1000万円欲しい」「何者かになりたい」は、単なる個人の欲求です。

大事なのは目的と動機です。

・なぜ、お金持ちになりたいのか？
・なぜ、年収1000万円が欲しいのか？
・なぜ、何者かになりたいのか？

「もうこれ以上無理！」となるまで、「それはなぜ？（それは何のため？）」を繰り返した先にある最上位に来るものが、「目的」です。

▪ それぞれ書き出してみましょう。

① 目的:なぜそれを成したいのか?
　　　　なぜそういう状態になりたいのか?

（　　　　　　　　　　　　　　　　　　　　　　　　　）

② 現状:現在の状態は?

（　　　　　　　　　　　　　　　　　　　　　　　　　）

③ 問題点:①と②のギャップ（理想と現実の差）

（　　　　　　　　　　　　　　　　　　　　　　　　　）

④ 課題:問題点を解決するための施策

（　　　　　　　　　　　　　　　　　　　　　　　　　）

☑ 筋の良い目的とは?

「3人のレンガ職人」という有名な話は皆さんもご存じでしょう。

　念のためにごく簡単に説明すると、ある人が3人のレンガ職人それぞれに「何をしているのか?」と尋ねたら、1人目は「レンガを積んでいる（積むことが目的）」、2人目は「仕事をしている（お金が目的）」、3人目は「歴史に残る大聖堂を作っている（世界への貢献が目的）」と答えたという話です。要は、3人目のようにしっかりした目的意識を持てという寓話です。1人目、2人目のような目的は近視眼的で「筋が悪い」ことがわかります。

☑ 目的は利己的ではなく利他的で設定すると実現しやすい

「お金持ちになりたい」「年収1000万円が欲しい」「何者かになりたい」などの目的がイマイチなもう1つの理由は、利己的だからです。

　これらは、欲求のベクトルが自分に向いている内向きの力です。

　もちろん、「自分が豊かになりたい」「自分がラクをしたい」という目的を達成したい人も多いでしょうが、それは多くの人から応援されません。

「あっそう、好きにやれば?」です。

　目的は、その意味性を突き詰めていくと、多くの場合、部下や同僚、チーム、仲間や友人、家族、地域社会などをより良くしたいという利他的な境地に行き着く人が多いように感じます。そして、そうなればなるほど、多くの人から共感が得られ、応援されることで、その目的は実現されやすくなります。

　目的を達成する目標の途中で利己的な欲求が満たされるのは良い（むしろそれが一般的）ですが、行き着く先の最終ゴール（目的）は、利他的であるほうが叶いやすいと思います。

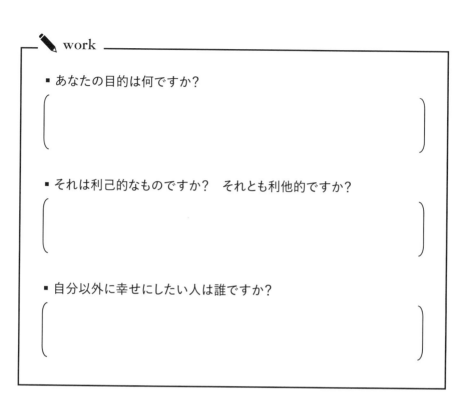

work

- あなたの目的は何ですか?

- それは利己的なものですか? それとも利他的ですか?

- 自分以外に幸せにしたい人は誰ですか?

☑ 目的設定の段階でつまずいていませんか?

　ということで、多くの人が持つ目的や目標のほとんどが実現しない一番の理由は、目的設定の段階でつまずいているからです。

目的の詰めが甘い
　　　↓
目標（目的を達成するための過程や目印）の筋が悪い
　　　↓
本来「そこではないこと」を問題点として認識してしまう
　　　↓
「そこではない問題点」を解決することを課題として設定してしまい、間違った施策をがんばってしまう

↓

目的が達成されずモヤモヤし、そのうち迷子になる

これが多くの現場で起こっている悲劇の構造です。

ではどうするか？

これはもう"イシュー（課題）"からはじめるしかありません。

「えっ！　面倒くさそう！　もっとラクな方法や近道ないの？」という方。残念ながら、近道はないのです。

✎ work

- 「理想の自分」「最高の自分」を目指すにあたって障害となっていることや問題点は何だと思いますか？　思いつく限り、書き出してみてください。

  （　　　　　　　　　　　　　　　　　　　　　　　　　）

- もう1回、「自分の目的は何か?」を考えてみてください。

  （　　　　　　　　　　　　　　　　　　　　　　　　　）

- それを達成するのための"イシュー（課題）"は何だと思いますか？

  （　　　　　　　　　　　　　　　　　　　　　　　　　）

☑ 行動する前に成否の7割以上は決まっている

　行動は大事です。

　行動することでしか、自分も社会も変わりません。考えているだけで
いつまでも行動しない人は、一生目的を達成することはできません。そ
れでも、**行動する前に「何を行動すべきなのか?」「何をやらなくて良い（意味がない)
のか?」について、徹底的に、それはもう徹底的に考えたほうが良い**と思います。

　いったん行動しはじめたら膨大な時間とお金を使うことになります。

　そして、行動を開始すると、多くの場合、手段が目的化しはじめます
から、（筋の悪い）短期的な目標に囚われた行動規範ができあがります（例:
Twitterフォロワー1000人を目指す／毎日noteを更新するなど)。

　すると、Twitterのフォロワー1000人を達成したあと、「あれ?　だ
から何なんだっけ?」となりますし、達成できなかったら（達成できた
としてもあまり意味はないですが）意味なく落ち込み、途方に暮れること
になります。

　つまり、行動は、筋の良い目的、現状、問題点の定義がきっちりでき
てからはじめるべきなのです。

　ここでは思考の重要性を問うていますが、僕は思考よりも行動を重ん
じる人間です。「四の五の言わずにやったらいいのに」と思う派です。
**それでも、目的、現状、問題点、課題の考察だけはきっちりやり、すべてがしっ
かりつながっている検証が済んでから行動を開始するべき**だと考えています。

✎ work

▪ 目的と課題が見えてきましたか？

▪ あなたがやるべきことは何ですか？

▪ やらなくても良いことは何ですか？

☑ 筋の良い施策は、質の高い問題点の抽出次第

ここまで言ってきたことをまとめるとこうなります。

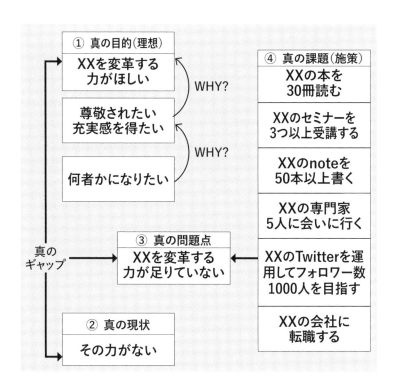

　もちろん、この限りではありませんが、「こういう風に考えてみてくださいね」という一例です。前出のものよりは、筋が良くなっていませんか。

☑ アウトプットは直接コントロールできない

　多くの人は、いきなり問題点を解決しようとします。

　でも、現状も問題点もアウトプット（出力）なので、直接コントロールできません。どちらも、さまざまな変数の組み合わせから出力された

「結果」です。大事なのは、「結果」に影響を与える課題です。ここだけがインプットとしての入力なのです。

　くどいですが、問題点は、直接コントロールできません。目的を達成するために、自分がとれる行動（入力）だけがコントロール可能であり、実行可能なのです。

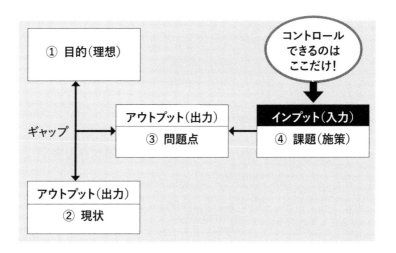

✎ work

- あなたの「理想の状態（仕事）」とはどんなものですか？　できるだけ詳しく書き出してみましょう。

- 「理想の状態（仕事）」というアウトプット（結果）を得るために必要なインプットは何ですか？

コントロール可能なアウトプット、
不可能なアウトプット

アウトプットとインプットをさらに分解してみましょう。

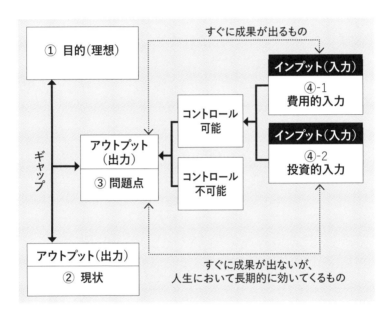

先ほど「アウトプットはコントロールできない」と言いましたが、実は上の図のように、コントロールが可能なものと不可能なものに分けられます。

たとえば、目的が「評価を上げて年収50万円アップ」、現状が「評価はされているが昇給なし」、問題点が「年収50万円アップが実現できていない」だとします。この問題点をコントロール可能とコントロール不可能に分解してみたら、次のように整理できました。

〈コントロール可能な問題点〉
評価はされているが「A」判定であり「S」判定ではない。

〈コントロール不可能な問題点〉
会社の業績が悪く、昇給原資が少ないようだ。

　自分1人の力で会社の業績を向上させ、昇給原資を増やすことはできません。だからこれはコントロール不可能。あれこれ考えても仕方ありません。

　自分ができることは、「コントロール可能な問題点」をインプット（何かしらの施策や行動）によって解消することですから、「来期は（A判定ではなく）S判定を目指すべく○○と△△に取り組む。また、その目標がクリアできたらS判定をもらえることを事前に上長と握っておく」などとなります。

　コントロール不可能な問題点に対してあれこれ考えたり不平を言っていても何も変わりません。コントロール可能な問題点に集中しましょう。

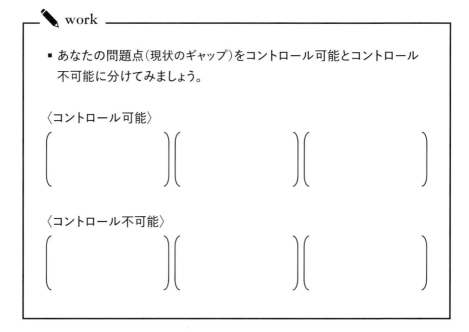

✎ work

▪ あなたの問題点（現状のギャップ）をコントロール可能とコントロール不可能に分けてみましょう。

〈コントロール可能〉

[　　　　　　　　] [　　　　　　　　] [　　　　　　　　] [　　　　　　　　]

〈コントロール不可能〉

[　　　　　　　　] [　　　　　　　　] [　　　　　　　　] [　　　　　　　　]

「費用的インプット」と
「投資的インプット」

　インプットは「費用的インプット」と「投資的インプット」に分けられます。

　費用的インプットとは、今期行動して今期中に結果が出るものです。
　たとえば「毎月5つの他社事例を考察して学びポイントをまとめ、プランニング力の向上に努める」「月間5本の顧客へのアップセル提案を行ない、毎月の個人目標達成率を120％にする」といったことです。費用的インプットの効果は、西洋医学における薬の効果に似ています。頭痛を感じたら頭痛薬で治す。「すぐに効果が出るが、効果の持続は一時的」という特徴があります。

　一方の投資的インプットとは、「今期行動するが今期中にすべての結果は出ない。その代わり、来期以降の結果にも寄与する」ものです。
　たとえば、「パフォーマンスを上げるために毎月3冊の専門書を読む」「資格の取得に向けて勉強をはじめる」などです。これらは今期の努力が今期中には実りませんが、じわじわ効果が発揮され、効果がしばらく持続します。
　投資的インプットの効果は、東洋医学における漢方薬の効果に似ています。冷え性を治療するために漢方薬を飲むような、「即効性のある効果は実感しにくいかもしれないが、薬の効果がじわじわ効きはじめ、体質改善につながる」という特徴があります。

　どちらが良い／悪い、強い／弱いという話ではなく、単に特徴が違うのです。ですから、「どちらかだけ」ではなく **両者をバランス良く行なう** **ことが筋の良いインプット**となります。

- あなたが最近行なった費用的インプットと投資的インプットを書き出してみましょう。

〈費用的インプット〉

$$\Big(\qquad \Big)\Big(\qquad \Big)\Big(\qquad \Big)$$

〈投資的インプット〉

$$\Big(\qquad \Big)\Big(\qquad \Big)\Big(\qquad \Big)$$

- 費用的インプットと投資的インプットのバランスはどうでしたか？

$$\Big(\qquad \Big)$$

第3章

普通にやっていては
上を目指せない時代を
どう生き抜くか?

リモートワークで
ワークスタイルが一変した

　2020年の年明けから日本でも新型コロナウイルスの蔓延が本格化し、春頃から多くの企業がリモートワークへの移行を進めました。

　第二次産業の勃興が本格化した過去100年以上にわたり、「1カ所に集まってみんなで働く」というワークスタイルが一変したのです。

「すり合わせ文化」が強い日本企業の働き方は、コミュニケーションによって成り立っています。そのため、全世界レベルでのウイルス蔓延という「外圧」がなければ、リモートワークの普及は数十年かかっても進まないと考えていました。それがわずか1〜2年で激変してしまったのです。

　ちなみにコロナ蔓延前、僕はリモートワーク反対派でした。

　多くの日本企業同様、僕も「対面で会って話をすることの価値」や「帰属意識や一体感の醸成」のためには「1カ所に集まって顔を合わせて仕事をする」ことが必須と考えていたからです。

　何より、大手企業の宣伝・広報・マーケティング部の方々を顧客に持つ当社は客先でのミーティングが多く、お客様側がオンライン会議を求めていないという事情もありました。

　しかし、顧客企業も含め、半ば強制的にリモートワークに切り替わってみると、アイデアブレストや難しい調整ごとにかかわる会議は対面のほうがはるかに効率が良いものの、多くの報告・連絡・相談のミーティングはオンラインでも十分機能することがわかりました。

　何より、リモートワークによって最も削減されたのが移動時間です。往復の通勤時間、顧客を訪問して帰社する移動時間の合計は驚くもので、日中の勤務時間の3分の1は移動に費やされていたこともわかりました。

　対面のほうが良い仕事と、オンラインでもできる仕事の両方がある。そんな当たり前の事実を知ったので、当社では週2回程度の出社がニューノーマルの働き方になりそうです。

リモートワークで
一番「ラク」ができるのは
「一人前の人」

　新社会人の9割がテレワーク（リモートワーク）に賛成という調査データがあります（2022年、Job総研調べ）。

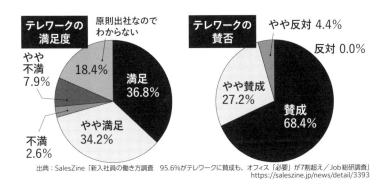

出典：SalesZine「新入社員の働き方調査　95.6%がテレワークに賛成も、オフィス「必要」が7割超え／Job総研調査」
https://saleszine.jp/news/detail/3393

　ただし、Z総研とマイナビ転職が共同で実施したアンケート結果によれば、出社ゼロのフルリモートではなく、週に数回出社というハイブリッドな働き方を希望する若年層が多いようです。

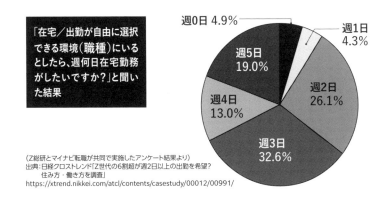

（Z総研とマイナビ転職が共同で実施したアンケート結果より）
出典：日経クロストレンド「Z世代の6割超が週2日以上の出勤を希望？
　　　住み方・働き方を調査」
https://xtrend.nikkei.com/atcl/contents/casestudy/00012/00991/

僕も、週の半分くらいはリモートワークを定着させることに賛成です。しかし、「まだ会社で仕事をしたことのない新社会人」や「これから仕事を覚えていく必要がある若年社会人」にとってリモートワークが「諸手を挙げて喜べること」なのか、大いに疑問があります。

　そもそもリモートワークで一番ラクができる人が誰だかわかりますか？
　それは「一人前の人」です。一人前の人が会社で仕事をしていると、「〇〇さん、ちょっと一瞬いいですか？」「今、時間ありますか？」などとさまざまな相談ごとが舞い込みます。その都度自分の仕事の手を止めて話を聞き、アドバイスします。抽象度の高い仕事は集中力が大事で、いったん会話などによって集中力が途切れると、取り戻すのに一定の時間が必要となります。

　早朝出勤すると仕事の効率が爆裂に上がるのは、「脳のゴールデンタイム」といわれる起床後3時間ということもありますが、「誰にも邪魔されず自分の仕事に集中できる」ことが主要因です。多くの人がリモートワークへの移行で感じた「ラクだわ」は、上司や同僚、部下や後輩からの「ちょっと一瞬いい？」がなくなったことによるものです。

　でも、です。
　まだ半人前の人たちはどうしたら良いのでしょうか？
　今は一人前の人たちも、駆け出しの頃は何もできませんでした。「先輩、ちょっと一瞬いいですか？」を数百回、数千回繰り返し、上司や先輩から仕事を教えてもらい、彼らの時間を奪うことで一人前にしてもらったのです。

　仕事の機微やコツの習得は、集合研修や業務OJT（On-the-Job Training：仕事をしながら業務に必要な知識、スキルを身につける）だけでは不十分です。若手社員は、従来、日々行なわれていた「ちょっと一瞬いいですか？」ができない、または極めてやりづらくなったことによって、自分が「一人前になりづらくなった」「一人前になるまでに、従来よりも時間がかかる状況になってしまった」ことに、もっと自覚的になるべきです。
　これ、本当にまずいことなんですよ！

- リモートワークの開始前と開始後で、自分の成長スピードはどう変化しましたか？

- 1日のうち、上司や先輩にどれくらいの頻度でアドバイスをもらっていますか？

- 今の自分に足りない知識やスキルは何か、把握できていますか？

「半人前」はどのように
「一人前」を目指すべきか？

☑ 若手が経験を積むのを妨げる「働き方改革」

　現在、国が本気で働き方改革を断行しています。

　背景には、日本は2013年に国連から、「長時間労働の従事者が多い」「過労死や精神的ハラスメントによる自殺が職場で発生しつづけていることを懸念する」と是正勧告を受けた影響があります。日本の長時間労働は国際的に見ても深刻で、働き盛りの30〜40代の長時間労働が特にひどいとのこと。僕も、一億総活躍社会に向けた働き方改革の柱として、長時間労働を改善していくことに何の反対もありません。

　でも、です。

　これから長い社会人人生が待っている20代と、そろそろアガリが見えてきた50代。圧倒的な自己成長のためにたくさん経験を積みたいと考えている20代と、「オンとオフはキッチリ分けて定時で帰りたいです」の20代も、全部ひっくるめて時短推進は、多様な若手社員を見ていると「本当にこのやり方しかないのか？」と疑問を持ってしまいます。

　経営者として「もっと社員を働かせたい」と言いたいのではありません。「若いうちに大量の経験を積みたい」「圧倒的成長のためにもっと仕事がしたい」と切望する、可能性あふれる若手スタッフに、「残業はさせられない、PCをシャットダウンして」と言わなければならない、このやるせなさ。

「定時で仕事を終えたい人」は終えれば良いし、育児に力点を置きたい人は、ワークスタイル選択制度を活用すれば良い。すべての人がハードワークをすべきだなんてこれっぽっちも思っていません。

ただ、定時で仕事を終えたい人や育児に専念したい人は、その選択権を得られるのに、「もっと働きたい」「若いうちに圧倒的な経験を積みたい」と希望する人には、その選択権を与えることができない。

これでは、国としての人材競争力を高めることはできないし、それこそ、一億総活躍社会が実現しようとしている「個性と多様性の尊重」「多様な働き方の推進」に逆行している気がするのです。

☑ 「圧倒的な量」でしか質は高められない

僕は、今から30年近く前の1995年に社会人になりました。サービス残業や休日出勤が当たり前の会社でシゴかれ、在籍中の3年間で6年間分くらいの営業経験を積みました。

26歳でマーケティング業界に転職してからも、深夜残業、休日出勤は当たり前、徹夜だって珍しくない生活を送り、28歳でコンサルティング会社に転職したあともその仕事のやり方は続きました。

3分の1は大量の仕事がさばき切れないための長時間労働でしたが、残りの3分の2は「もっと仕事の精度を高めたい」「できることの幅を広げたい」「クライアントへの提供価値を向上させたい」という気持ちからの自己判断による深夜残業や休日出勤、徹夜作業でした。

時代がそれを許してくれました。

おかげで、29歳でマーケティングコンサルタントとして独立できましたし、その後34歳でトライバルメディアハウスを創業して今に至るわけですが、それもこれもすべては20代のときの圧倒的なハードワークと大量の読書が源泉になっていることは否定しようもない事実です。

サイバーエージェントの藤田晋社長も、著書『渋谷ではたらく社長の告白』（幻冬舎）で、「若いうちは質を高める前に、まずは圧倒的な量をこなすべき」と言っています。本当にその通りです。

「時代が違う」と言われそうですが、**仕事の質を高めるためには、まず圧倒的な量が必要」「量をこなす中でしかムダとムダではないことは見分けられない」**という事実は、いつの時代においても共通する普遍的な事実です。

高いパフォーマンスを出す第一人者になるためには、業界で一目置かれる存在になるためには、若い頃に大量の仕事をこなし、圧倒的な経験を積む必要があります。学歴なし、知識なし、経験なしだった僕が、今こんな立場で仕事をさせてもらえているのは、20代の頃の圧倒的な仕事量の賜物以外の何物でもありません。

　しかし、自分は経営者として、次の、"そういった働き方をしたいと望む"若い世代に同じ経験を積ませてあげることはできません。でも、今の仕事の仕方では、多くの若者は、たぶん「中の上」くらいまでしか行けない。残酷なまでに、それが見えてしまう。

　だから、若い人たちにあえて言わせてください。
　あなたたちは、まだまだ発展途上です。でも、どこまで成長してしまうかわからない可能性の塊でもある。もし、あなたたちが、「普通ではイヤだ！」「一目置かれる存在になりたい！」「成り上がりたい！」と思うのなら、国の施策、会社が守らなければならない法令やルールを守りつつ、自分で圧倒的な努力をする方法を探り、実行してください。

☑ 経験不足のツケを払わされるのは未来の自分

　10年後、20年後に、「あの頃は、国が働き方改革を推進していたから」「経験をたくさん積みたかったんだけど、会社が許してくれなかったんだよね」と言っても、誰も助けてはくれません。
　あなたの職務スキル、専門性、キャリア形成、代替困難性、転職容易性、高い年収、それらの持続可能性は、あなたにしか作れません。
　外部環境は、今のあなたに制約を与えますが、未来のあなたがどうなるかの責任は取ってくれません。今やらないことのツケは、必ず将来、あなたに降りかかってきます。その責任は、過去、あなたに制約を与えた環境や人ではなく、あなた自身が取ることになります。

　ビジネスの世界は全世代競争です。前時代にハードワークを経験したベテランも、現代を生きる働き方改革世代も、同じリングで戦わなけれ

ばなりません。基本的には「**仕事力＝知識量×仕事の量×仕事の質**」ですから、同じ競技で戦ったら勝てる見込みは低いと言わざるを得ません。

　だからお願いです。
　時代に流されず、己が目指す山の頂上だけを目指して、自身で圧倒的努力をしてください。たくさんの本を読み、たくさんの人に会い、仕事の精度を高めたり幅を広げるための思考と行動を怠らないでください。

☑ 自分にハードワークと自己啓発を課す

「仕事は量ではなく、質がすべてだ」と言う人がいます。
　そんなことは当たり前です。でも、その肝心の質を高めるために、とにかく圧倒的な量が必要なのです。それを若いうちにやっておいてほしいのです。

　今をときめく業界の有名人は、ほぼ例外なく、人生のある時期に異常なまでのハードワークを経験しています。多くの人は、一目置かれている人の完成形しか見ていないため、過去に行なった水面下の努力に気づきません。
　だが、断言してもいい。そういう人たちも、みな通った道なのです。
　普通じゃイヤなのなら、一目置かれるレベルまで到達したいのなら、高い場所からの景色を見たいのなら、若いうちに、自身で圧倒的なハードワークを課し、徹底的に自己啓発をしてください。

　誤解のないように言っておきます。「会社に隠れて仕事をしろ」「サービス残業をしろ」と言っているわけではありません。尋常ではない集中力をもって「決められた時間内」で高い成果を出すことに集中する、その質を高めるために自己啓発で量を稼ぐ、ということです。
　時代に負けないでください。

- 自分が成長して将来「一目置かれる人」になるために今するべき努力は何だと思いますか?

- 限られた就業時間内でより高い成果を出すために何をするべきだと思いますか?

- いつから努力と行動を開始しますか?

誰もあなたを育ててくれない

　就活生に会社選びのポイントを聞くと、「教育や研修に力を入れているか」が上位に来ることがあります。新卒・中途（経験者採用）問わず、「うち（僕が経営する会社）に興味を持ってくれた理由は？」に対して「マーケティングについて勉強できると思ったから」という回答も多い。

　でも、です。
　そろそろ、会社に入れば上司・先輩・同僚が懇切丁寧に仕事を教えてくれる時代は終わりを迎えていくのです。
　会社に入ったら1カ月は座学研修で、それから数カ月の現場研修を経て半年後に部署採用。年に数回はOff-JT（集合研修）があって、昇進するときは管理職研修でリーダーシップやマネジメント論を学ぶ。職場にもOJT担当としての先輩がつき、おまけに直属の上長以外にメンターがついていろいろな相談に乗ってもらえる。やりたい仕事は手を挙げればまかせてもらえ、わからないことが出て来たら、隣の先輩がジャストタイミングで親切に指導してくれる。

　適度な負荷を感じながら、成長し、ある程度一人前になったところで「そろそろだな」と会社を辞め、転職する、起業する、フリーランスになる。

　よくありそうですよね。
　実際によくあります。そして、それ自体は悪くありません。
　問題は、次に新卒で入って来る若手や中途で転職してきた社員を、「誰が支援し、育てるのか？」という問題です。
　僕の時代はラッキーでした。今ほど、転職や起業やフリーランスとしての働き方は一般化してなかったので、会社に入れば育ててもらえました。

でも今は違います。

これからは、「教えてくれない」「育ててもらえない」と不満を漏らしている時代ではありません。

自分で学ぶ。自分で育つ。真っ先に手を挙げる。社内外で仕事を獲りに行く。上司の時間をもらうのではなく、上司の仕事を奪う。教わるのではなく、自分で学んだことを後輩に教える。社内でブーブー言うんじゃなく、社内外に笑顔を振りまく。

コロナ禍によるリモートワークへの移行によって、この流れが加速しました。

この流れは不可逆です。だから、今すぐ心を入れ替えてください。

もし、「〜してくれない」というフレーズが頭によぎったら、あなたはすでに立派な「くれない族」です。「教えてくれない」「やってくれない」「助けてくれない」——これらの思考から卒業してください。

✎ **work**

- 会社や上司、先輩が自分に「〜してくれない」と感じることはどれくらいありますか?

- どうすれば「〜してくれない」を手放すことができると思いますか?

- 自分で成長するために明日からやることは何ですか?

「普通の人と同じ努力」に価値はない

ここで再度お聞きします。

あなたは、「普通の職業人人生」で満足する人ですか？

それとも、「一流の職業人」や「第一人者」を目指したいですか？

　もし後者なら、圧倒的な努力をしなければなりません。なぜなら、「普通の人」が「普通の人と同じ努力」をしていても、いつまでも「普通の人」だからです。

　多くの人は「自分はがんばっています！」と言います。でも、誤解してはいけません。自分と同じように「みんなも」がんばっているのです。だから、少しがんばったくらいでは、ほかの人と同じなのです。

　川に浮かぶ小さなボートをイメージしてください。

　川は流れています。水の流れは時代の流れです。オールを漕がないと川下に流される（＝価値が低下する）ので、がんばってオールを漕ぎます。周りのボートも（競争する人たち）も一生懸命オールを漕いでいます。ここでは差はつきません。

　あなたが「一流の職業人」や「第一人者」を目指すのなら、流れる川の中で、ほかのボートより川上に上らなければなりません。

　どうすれば良いでしょうか。

　そうです、「ほかの人よりも、もっとがんばってオールを漕ぐ必要がある」のです。当たり前のことです。

　この世には、絶対的な価値と相対的な価値があります。「一流」は「二流や三流」がいるから「一流」であり、「第一人者」は「そうでない一般の人」がいるから「第一人者」といわれます。つまり、これらのポジ

ションは相対的な価値なのです。相対的なものなら、他者に勝つ必要が
あります。みんながオールを漕ぐ中で、さらに川上に上る努力をしなけ
ればなりません。

　あなたに、その覚悟はあるでしょうか。

✎ work

- 「一流の職業人」や「第一人者」を目指したいのはなぜですか?

（　　　　　　　　　　　　　　　　　　　　　　　　　　　　　）

- 「一流の職業人」や「第一人者」になるための努力をする覚悟は本当
  にありますか?　自分に聞いてみてください。

（　　　　　　　　　　　　　　　　　　　　　　　　　　　　　）

- もし努力すると決めたなら、今から何をどのように努力をしますか?

（　　　　　　　　　　　　　　　　　　　　　　　　　　　　　）

最も価値のある才能は 「行動力」 である

　ネットやソーシャルメディアの普及によって、世の中の情報量は加速度的に増加し、「知っていること」の価値はどんどん減っていくでしょう。
　難関で有名な司法試験も、論文試験では会場で「六法全書」が貸与されます。「六法全書」を暗記しているかどうかではなく、どこにどの情報があるのかを知っているうえで正解を導き出せるかどうかを試されるわけです。

　ネットやソーシャルメディアに、ありとあらゆる情報があふれる情報大爆発時代は、司法試験と同じように、すべての情報が詳細に渡って頭の中に記憶されている必要はなく、知りたいときに、知りたい場所へ行き、適切な検索ワードで情報にアクセスする能力があれば（救命救急医が行なう手術のような）緊急かつ現場判断を要する仕事以外は、だいたい事足りることになります。
　これは、これからの時代、誰でもアクセス可能な二次情報の価値は、どんどん下がっていく、ということを示唆しています。

「あっ、それはね、○○なんだよ」
「うん、昨日ネットで検索したから知ってるよ」

　こんな具合です。
　さて、改めて「一次情報」「二次情報」「三次情報」を見てみましょう。

・一次情報：“自分”が体験したり“独自”調査した情報
・二次情報：他者による情報（ニュースや国の統計情報など）
・三次情報：情報源がわからない情報

これからの時代は、誰も知らない一次情報を持っている人の価値がさらに高まります。多くの体験や経験を積み、それを解釈・消化した、オリジナルの一次情報をたくさん持っている人が一目置かれます。

　スマホでネットを見たりTwitterをやっていて入って来る情報は、すべてが二次情報と三次情報です。一次情報は1ミリも増えません。ベストセラーの本を読んでも、有名人のセミナーに行っても、入って来る情報はすべて二次情報です。あなただけの一次情報は1ミクロンも増えません。

　これからは、行動した人が価値を持つことができます。

　実際に行動し、自分の目で見て、手で触れて、自分の頭で考え、体験し、経験を積んだ一次情報こそが唯一無二の価値になるのです。

　ちなみに、行動したことによる体験のすべてに「社会的な価値」があるわけではありません。仮に、あなたがインスタ映えを狙った写真を撮影するために南米ボリビアのウユニ塩湖に行ったとして、そこで仲間みんなでジャンプしてリア充爆発写真を撮影する体験は、すでに多くの人が体験していることであり、希少性の観点から貴重な一次情報とは言えません。

　情報が人間の頭の中に格納されていた時代は、多くの二次情報を記憶している大容量ハードディスク型の人に価値がありましたが、あらゆる情報がネットにあり、誰でもアクセスできる時代には、あなたしか持っていない一次情報をどれだけ持っているか——つまり、どれだけ行動し、あなただけの体験や経験を積み、それを解釈・消化した、あなただけの一次情報を持っているかが問われるのです。

　情報大爆発時代は、「行動力」こそが最も価値がある「才能」になりました。

　動きましょう！

- 自分にとって有益な一次情報とはどのようなものだと思いますか?

- その一次情報を増やすためにどのような行動をしたら良いと思いますか?

- その行動はいつからはじめますか? どれくらいのペースで行動しますか?

第4章

自分の価値と給料を
上げるために
知っておくべきこと

若いうちは「WHOの力」よりも「WHATの力」を磨こう

　SNSには、「何者かになりたい人たち」「一目置かれたい人たち」がたくさんいます。セルフブランディングと称して、Twitterのフォロワー1000人を目指すのも良いですが、**仕事におけるSNS活用の目的は、「あなたを知っている人」ではなく、「あなたを信頼・尊敬してくれる人」を増やすこと**です。

　単なるつながりに意味はありません。
　仕事をはじめて間もないうちは、誰だってたいした価値はありません。だからこそ、**フォロワーを増やして「WHOの力」**（＝あなたの認知度）**を上げるより、「WHATの力」**（＝何ができるか）**を磨いたほうが絶対に良い。**

　あなたはまだ何者でもないかもしれません。
　でも、ブログ（note）で自身が学んだことや問題意識から得た再現可能な方法や考え方のフレームワークを発信しているうちに、「このnoteの筆者が誰かは知らないけれど、良いことを言うなあ！」「いつもすごくわかりやすい記事を書く人だな」と「WHATの力」が上がっていきます。

　それを続けていると、「いつも○○のテーマ（WHAT）でわかりやすいnoteを書いている△△さん（WHO）」と、「WHOの力」が上がっていくのです。順番を間違えてはいけません。何者でもないうちは、誰もあなたに興味はありません。だからこそ、WHATからはじめるのです。

　Twitter、Instagram、TikTok、YouTubeでWHAT力を向上させるのは不可能ではありませんが、とても難しい。なぜなら、これらはコミュニケーションの場であり、「仕事のスキルを発信・披露する場」ではないからです。

SNSがカフェや居酒屋での会話だとするならば、noteは講演やセミナーです。
いろいろな人が披露する芸を高速でザッピングするTikTokと違い、ちゃんと話を聞き(読み)に来てくれる。そこで良質なWHATを提供すれば、「この人の記事はわかりやすいな」「違う記事も読んでみたい」「これを書いているのはどんな人なんだろう?」と「WHOの力」が上がる。

　会話するだけで尊敬してもらうのは至難の業ですが、講演(WHAT)なら内容と質の高さ次第で一目置いてもらうことができます。

　ぜひ若いうちはWHATの力を磨き、発信してください。

　本項の最後に、事例を1つご紹介します。

　弊社トライバルメディアハウスには、音楽やエンターテインメントマーケティングを得意とする専門家集団、モダンエイジ事業本部があります。執行役員事業本部長としてモダンエイジを率いる高野修平は、まさにブログでWHAT力を上げ、業界で一目置かれるWHO力を手に入れた1人です。

　もともと音楽が大好きで、音楽に救われてきた高野は、トライバルでマーケティングを学ぶうち、消費者の価値観の変化やデジタル化の波に立ち向かおうとしていた音楽業界に対して「音楽業界に恩返しがしたい。マーケティングの力で音楽やエンターテインメント市場を元気にしたい」と願うようになります。

　そこで彼は、音楽やエンターテインメント業界で働く人たちに向け、自身の意見や考え、楽曲やアーティストのマーケティング法などについてブログで発信しはじめます。誰も高野修平なんて名前は知りません。だからWHAT(=役に立つ情報やノウハウ)に磨きをかけ、1記事3000字〜5000字、ときには1万字を超えるような「業界人が読んで役に立つ」情報を「毎日のように」発信しつづけたのです。その結果、彼のブログは多くの業界人が読む人気ブログに成長していきました。

　転機が訪れたのは、ブログを書きはじめてから半年後のこと。ある出版社と話していて「ブログを本にしましょう」という話がまとまりました。そこから生まれたのが、彼の処女作『音楽の明日を鳴らす　〜ソー

シャルメディアが灯す音楽ビジネスマーケティング新時代』（エムオン・エンタテインメント、2012年）です。

　著者になるとたくさんの講演依頼が舞い込みます。彼は人気ブロガーから３冊の本の著者、そして講演や企業内研修講師、今では大学でマーケティングの授業を受け持つ講師も務めています。もちろん、本業も好調で、彼が創設した新しい事業本部は、数年で20人規模にまで成長をしています。

「ブログを書く→本を出版する→講師になる→クライアントからの相談が増える→本業が成長する→知識や経験が増える→ブログや本を書く」──とポジティブなスパイラルが生まれているのです。まさに絵に描いたようなシンデレラストーリーの一例ではないでしょうか。

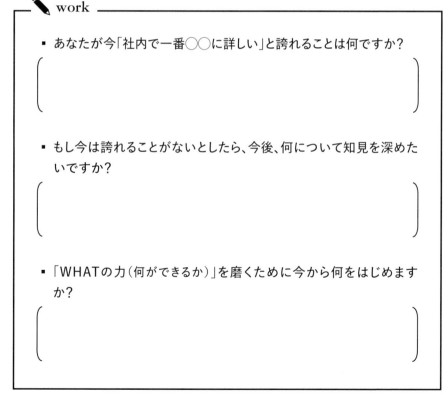

✎ work

- あなたが今「社内で一番○○に詳しい」と誇れることは何ですか？

- もし今は誇れることがないとしたら、今後、何について知見を深めたいですか？

- 「WHATの力（何ができるか）」を磨くために今から何をはじめますか？

給料を上げたいのなら
価値のベクトルを意識しよう

☑ スペシャリスト方向とゼネラリスト方向

　今あなたが勤めている会社での**お給料（年収）は、あなたの価値のベクトルと価値の面積によって決まります。** わかりやすいので、ここではスペシャリスト方向とゼネラリスト方向で話を進めましょう。

　スペシャリストは、その道の専門家を目指し、特定領域における専門スキルを深堀りするベクトルです。
　一方のゼネラリストは、複数の直属の部下を持ち、チームや部門をマネジメントするベクトルです。

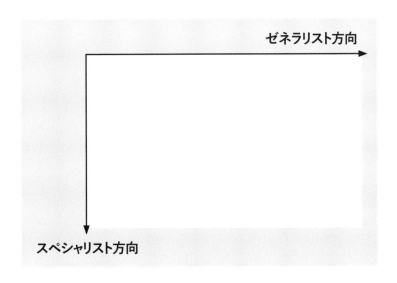

近年は「手に職をつけたい」「特定の専門を持たないゼネラリストは転職に不利」など、スペシャリスト信仰が強いように感じます。しかし、そんなことはまったくないことは第1章で述べた通りです。

あなたのお給料は、あなたがスペシャリスト方向を目指すのか、ゼネラリスト方向を目指すのかのベクトル（方向性）と、あなたがいることによって作られる価値の面積によって決まります。

☑ 新卒社員のベクトルと価値の面積

これが新卒社員のベクトルと価値の面積です。

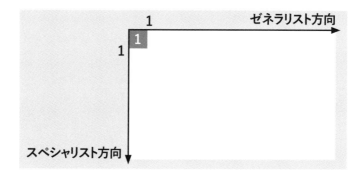

入社したばかりなので、どちらの方向性も「1」です。1×1＝1ですから、価値の面積は1。そのため、お給料はまだ高くありません。最初から部下を持つ人はいませんから、誰でもキャリアの最初は、まず自分自身が一人前になることからはじまります。

☑ 中堅社員のベクトルと価値の面積

会社に2〜3年ほど勤めて、知識や経験もそれなりに身についてきたら、価値のベクトルと面積はこうなります。

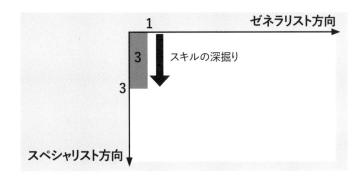

　スペシャリスト値は「3」（限定された領域では一人前）ですが、まだ部下はいないので「1」。価値の面積は、3×1＝3となります。この図（面積）は、あくまで“たとえ”なので、お給料は1の3倍とまではいきませんが、当然、新卒社員よりは上がります。

☑ チームリーダーのベクトルと価値の面積

　同期に、スペシャリスト値が同じ「3」の山田君がいたとします。
　彼は、直属の部下はいないものの、面倒見が良く、率先して後輩や新卒の面倒を見たり、同じプロジェクトに入った中途社員の支援にも積極的に貢献をしていました。その功績とスキルが認められ、3年目で2人の部下を持つリーダーに抜擢されました。
　すると、価値のベクトルがゼネラリスト方向にも伸び、価値の面積はスペシャリスト値「3」×ゼネラリスト値「3」の「9」になります。

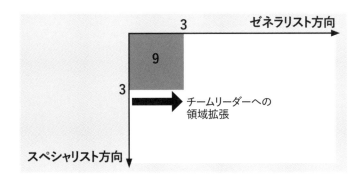

「リーダー給」のような役職給があるかどうかは別として、自分だけでなく、部下のマネジメントも含め、価値の拡大に寄与するわけですから、お給料は上がります。

ここが重要です。

ゼネラリスト方面への拡張は、「自分1人が創造する価値」から「チームとして創造する大きな価値」へ、価値の拡大を行なうから昇給するのです。

☑ 一匹狼型スペシャリストのベクトルと価値の面積

たまに、「言うことを聞かない部下の面倒を見るなんて、わずらわしいし面倒くさいからイヤだ」と言う人がいます。

それも、その人の生きる道でしょう。所属する会社の方針にもよりますが、キャリアの選択はその人の自由です。

仮に、あなたが部下を持ちたくなく、すべての仕事時間を自身の専門性を深めることに費やしたい一匹狼だとしましょう。

あなたは努力をし、社内でトップクラスのスペシャリストになりました。スペシャリスト値は最大の「10」です。

しかし、部下を持たないため、ゼネラリスト値は「1」のままです。となると、価値の総和は10×1＝10のため、一定レベルまではお給料は上がるでしょうが、いずれ天井にぶつかります。

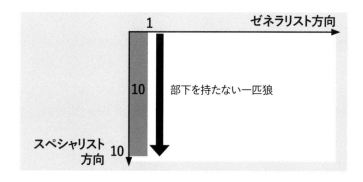

もちろん、直属の部下を持たなくても（リーダーや部門長にならなくても）、

あなたが持つ専門性を社内勉強会の講師として横展開することで多くのスタッフの(当該領域における)業務スキルを劇的に上げることができます。また、仮にプランナーなら、あなたが入ることですべてのコンペに勝利するなど、大きな成果を出せれば、その限りではありません。

　いずれにせよ、**あなたがいることで、会社が創造する価値の拡大に、どれだけ影響を与えることができるかがすべてです。**

　そこを忘れてはいけません。

☑ マネージャーや部長のベクトルと価値の面積

　自身の専門性が「5」になったところで、面倒見の良さやリーダーシップ、部門全体の営業活動を含めた業績管理などの手腕が買われ、マネージャーや部長へ昇格すると、価値のベクトルと面積は次のようになります。

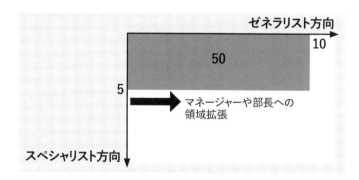

　スペシャリスト値は(10に劣る)「5」ですが、その代わり部門全体が創出する価値の拡大を主導するスキルに長けているため、価値の総和は「50」。(一般的に)お給料は一匹狼型スペシャリストよりも高くなります。

☑ 専門スキルを持った部門責任者のベクトルと価値の面積

　専門家としても一流で、かつ部門の責任者として価値の拡大にも寄与することができれば、価値の総和は「100」になり、最強人材になれます。

前述した指揮者、スーパーゼネラリストです（31〜32ページ）。

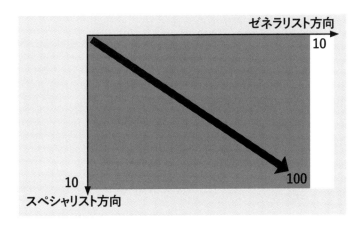

もちろん、お給料はとっても上がります。

ちなみに、この形は、自身も一流エンジニアだったり、特定の技術に精通した超スペシャリストが、部門長にもなっているような状態と想像するかもしれませんが、決してそんなことはありません。

ゼネラリストと見られがちな営業職であっても、部門の誰よりも営業スキル（営業力）が高く、自身のやり方を部門全体に浸透させられる人ならば、立派なスペシャリスト×ゼネラリストです。価値の総和は「100」になります。

スペシャリストというと、技術やクリエイティブな方面と誤解されがちですが、「その道」の専門家（＝誰よりも詳しく、成果を上げられる）の意味なので、**すべての職種でスペシャリストになることが可能**と理解してください。

このキャリアを歩んだ人間が弊社トライバルメディアハウスにいます。執行役員マーケティングデザイン事業本部長の鳴海まいです。彼女はトライバルに新卒で入社をし、わずか7年（8年目）で我が社の最大部署の責任者に就任しました。

そのキャリアは前述した、新卒の「1：1」から始まり、2〜3年で営業

職として「3：1」、チームリーダーに昇進して「3：3」、営業だけでなくプロジェクトマネージャーとして実務力も上げ部長に昇進し「5：7」、その後、執行役員事業本部長に昇進し現在「10：10」に近づきつつあります。

　今や、自身よりも年上のスタッフも多いトライバルの最大部署（60人程度が在籍）を3人の部長とともにマネジメントする敏腕本部長となりました。

　もちろん、このキャリアの裏には壮絶な努力がありました。新卒の頃は悔しくて泣いていることがたくさんありましたし、なかなか成果が上がらず悩んでいた時期もあります。しかし、持ち前のEQ力と自律・自責思考でダークサイドに堕ちることなく、少しずつ、あるときは急激に成長し、今の彼女があります。

　新卒時代、「本なんて読まな〜い」と言っていた彼女も、今や僕と競い合うほどの本の虫になりました。最近は営業やマーケティングだけでなく、組織戦略、リーダーシップやマネジメント、KPI管理、働き方やキャリア観などにも興味が広がり、今もなお、自己啓発×実務でメキメキ成長を続けています。

☑️ 一匹狼が給料を上げる道

　直属の部下を持たないスペシャリストは、一定のところで昇給が止まることは先に述べた通り。では、一匹狼型が、青天井でお給料を上げることは可能なのでしょうか。

　答えは可能です。
　くどいですが、お給料は自分自身が創出する価値の拡大によって決まります。ですから、スペシャリストは、自分が持っている専門性を社外に発信することで、会社のブランディングに貢献したり、良質なリードの獲得に寄与できれば、お給料は上がります。

これはエバンジェリスト（価値の伝道師）としての価値の拡張です。

本を出版したり、会社の外で人気セミナー講師になったり、メディアに連載を持つことで、業界の第一人者と認められ、「そんな人がいる会社に頼みたい」と、多くの仕事がやって来るようになります。

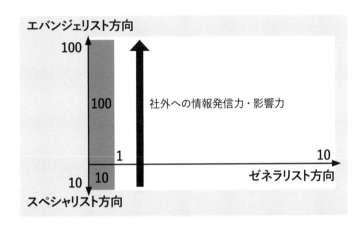

「部下は持ちたくない。すべての時間を自分の専門スキルの深堀りに使いたい。でもお給料は上げたい」——そう思うのであれば、あなたのスキルを社外に知らしめ、業界の第一人者にならなければなりません。

繰り返しになりますが、お給料は、あなた自身が創出する価値と、それをどのくらい拡大することができるかによってのみ決まると心得てください。

☑ 「給料が上がらねえ!」とグチる前に

あなたが勤めている会社がブラック企業でないならば、お給料が上がらない理由は、あなたが創出している価値の面積が小さいからです。

「給料が上がらねえ!」とグチるのは自由ですが、あなたのお給料は、あなたの努力と成果によってしか上がりません。

そして、その努力は、お給料を上げるための正しい知識を得て、計画的に行なうべきです。

これを機に、自分自身のキャリアとお給料について考えてみてください。

work

- あなたはゼネラリスト、スペシャリストのどちらでキャリアをデザイン
  したいですか？　また、その理由は何ですか？

- あなたの価値のベクトルと価値の面積を広げるためには何をすれ
  ば良いと思いますか？

- 中長期の戦略と、短期の作戦は何だと思いますか？　そして、それを
  いつどうやって実行しますか？

HATARAKIKATA

あなたは「0→1」か
「1→10」か
「10→100」か?

☑ 「0→1(ゼロイチ)」と「1→10(イチジュウ)」

「スペシャリストかゼネラリストか」の二択とともに、多くの人を悩ませる分かれ道に「0→1（ゼロイチ）か1→10（イチジュウ）か」があります。

「0→1（ゼロイチ）」か「1→10（イチジュウ）」か——「何もないところに新しい何か（種）を創り出すことが得意」か「その種を育てることが得意」かを表す概念です。

「0→1の人」は、無から有を生み出す斬新な着想や想像力、初動の馬力や突破力が強い反面、1つのことに腰を据えて継続的に取り組むのが不得手。
　一方の「1→10の人」は、新しいものを作り出すのは苦手だけれど、代わりにアイデアや着想を実現する具体的なプランの作成や初期段階の推進体制を作るのが得意。

☑ 「10→100(ジュウヒャク)の人」の存在

　実は、この話はここで終わりません。「1→10の人」のあとに、「10→100の人」がいるのです。
　たとえば、新規事業で考えてみましょう。
　まったく新しい新規事業を立ち上げる際、最初に重要なのが、何をやるのかを決めることです。
　事業開発は、まずCPF（Customer Problem Fit）で顧客の課題を明らかにし、続いてPSF（Problem Solution Fit）でその課題を解決するアイ

デアを考えて、SPF（Solution Product Fit）でプロダクトに実装し、最後にPMF（Product Market Fit）として市場に投入して、改善を続けながら顧客ニーズに合致するプロダクトまで落とし込むことをします。

しかし、「言うは易く行なうは難し」です。
仮に、CPFでかなり明確に顧客の課題を整理・抽出することができたとします。でも本番はここから。その課題を解決するアイデアを考える必要があります。ここは論理的に導出するものではなく、とてもクリエイティブな世界。つまり、「0→1の人」が最も得意とする仕事です。

☑ 「0→1の人」の仕事

「0→1の人」は、斬新な着想や想像力があるだけでなく、事業をはじめる際の一番重たいところを推進するパワーがあります。止まっている自動車を動かすためには、「動かしはじめ」が一番重たいですよね。「0→1の人」は論理とアイデアの一速ギア。SPFの手前くらいまでに大きな力を発揮する人です。

☑ 「1→10の人」の仕事

「0→1の人」は、何回も繰り返されるSPF〜PMFに至る試行錯誤の道のりで、だいぶ疲れてきています。このあたりから、「1→10の人」の真価が発揮されます。MVP（Minimum Viable Product：必要最小限の機能に絞ったプロダクト）を改良しながら、何とかPMFまで持っていかなければなりません。PMFまで持っていけば、そこでガバっとアクセルを踏むことができます。

バリュエーションをつけてVC（ベンチャーキャピタル）から資本調達をするもよし、エンジニア、カスタマーサクセス、営業を増員するもよし。いずれにせよ、事業を加速させるタイミングです。このあたりから、「0→1の人」と「1→10の人」の活躍がオーバーラップしはじめ、後半に向かうにつれ、「1→10の人」の活躍が大きく事業伸長に貢献するように

なります。

このタイミングでは、事業はまだ少人数のチーム。「0→1の人」(主に事業責任者であることが多い)、「1→10の人」(ゼロイチを補佐して何でもやる人)、エンジニア、アシスタントの4〜5人という状態です。

PMFが確認されたら(固定のユーザーが安定的に増加しはじめたり、マネタイズが成功しはじめたら)チームメンバーを増員し、10〜30人チームにまで拡大します。このあたりまでは、複数の「1→10の人」がそれぞれの組織を引っ張っています。

☑ 「10→100の人」の仕事

でも、本当の勝負はここからなのです。

事業や会社が成長すれば、当然、仕事を効率的に行なうために、分業化が進みます。今までは「一応、Webディレクターという肩書がついてますが、まあ何でも屋ですよ、ハハハ」などと言っていた組織も、たとえばECなら、商品企画、生産管理、仕入管理、サイト管理、システム管理、カスタマーサポート、経理、人が増えるので労務、採用、急激に文化が崩壊して離職率が爆上がりするので人事企画、さらなる事業成長を考えて財務、広報……と、いわゆる一般的な企業の組織構造になっていくわけです。

ここで出番になるのが、「10→100の人」。この段階では、事業や会社の半分以上の人が「10→100の人」になっているはずです。狭い領域の専門的な仕事を、粛々と、ミスなくこなしてくれる。一方、新しいことを考えたり、自分の担当領域以外の仕事も領域侵犯をしてマルチな動きをすることは苦手。

でも、大きな売上を生む大きな事業は、多くの人が必要です。そのとき、安定的な運用のために必要なのは、「0→1の人」でも「1→10の人」でもなく、「10→100の人」というわけです。全員が「0→1の人」だったら、逆にミスが連発したり、運用が安定せず、会社がつぶれてしまいます。

☑ 「0→1の人」が偉いわけではないが、希少性は高い

何が言いたいのかというと、「必ずしも『0→1の人』が偉いわけじゃ ない」ということです。「0→1」「1→10」「10→100」は強みや機能であって、 上下やヒエラルキーではない。だから、もしあなたが「0→1」や「1→10」 じゃなくても、落ち込むことはありません。

ただし、労働市場の中で、どのタイプの希少性が高いかというと、そ れは「0→1」なのです。あくまで個人的な感覚ですが、世の中は「0→1」： 「1→10」：「1→100」は、1：9：90で構成されている気がします。つまり、 「0→1の人」は全体の1％、「1→10の人」は9％しかいない。

労働も製品も、需要はあるものの供給が少ない（希少性が高い）もの ほど価格が高くなるわけですから、当然、「0→1の人」は労働市場にお いて高値で売買されやすいという特徴を持ちます。

「0→1」も「10→100」も仕事の尊さは同じですが、希少性が違うので す。仮に、「10→100の人」が1人退職しても、市場から調達することは さほど難しくない。ただし、**「10→100」の世界でも、トップレベルで仕事が できる人は存在するので、代替困難性**（替えがききづらいこと）**を高めれば、「10→100」 でも希少部位に入ることは可能です。**

☑ 願望を混ぜずに己を知る

「0→1の人」が「10→100」の仕事をしても、粗かったり、すぐに飽き たりしてうまくいきません。「1→10の人」が「0→1」の仕事をやろうし ても、斬新なアイデアやブルドーザーのような突破力を発揮するのは難 しいでしょう。

結局、「己を知れ」ということです。

ここで注意が必要なのは、「0→1」は華やかなイメージがあるからか、 「1→10」や「10→100」の人から憧れのポジションに見えやすいことです。

すると、自分は「1→10」や「10→100」なのに、「『0→1』の仕事ができる」もしくは「できるようになりたい」と考えたり、チャレンジしようとしてしまう。

　志向することやチャレンジすることは自由ですが、餅は餅屋。自分が最も活躍できるフィールドで活躍することが吉だと、個人的には思います。

　労働市場における自分の価値は、相対的に決定されます。前述した市場のニーズ、希少性、代替困難性です。希少性や代替困難性を高めるためには（人より抜きん出るためには）自分の強みにレバレッジ（てこ）をかけ、加速度的に成長しなければなりません。

　弱みの場所で頭角を現すことは非常に難しく、頭角が現れなければ仕事も楽しめない。結局、**自分の強みのフィールドを知り、そこで活躍するほうが幸せ**だと思います。

✎ **work**

- あなたは「0→1」ですか？　「1→10」ですか？　「10→100」ですか？

- そう思ったエピソードを書き出してみましょう。

- 自分の強みのフィールドはどこだと思いますか？

第5章

自分の価値を
上げてくれるものは
〝圧倒的な努力〟だけ

ほとんどの人は「本気を出せない」

　Twitterにおける「俺はまだ本気出してないだけ」は、ほとんどの場合「ネタ」として使われています。「自分はやればできる子」「できていないのは、まだ本気を出していないから」という自虐ネタですが、用法用量を誤ると危険な気がします。

「行動しない」ことを、「まだ本気出していないだけ」とネタにすることで、「免罪符」にしている人が少なくないと感じます。

　多くの人は「本気を出さない」のではありません。「本気を出せない」のです。「本気を出さなければダメだ」「行動しなければ何も変わらない」と薄々気づきながらも、「やる気が出ない」「本気が出せない」で「明日からやろう」と先送りにしてしまう。

✎ work

▪ あなたは今「本気」を出していますか?

（　　　　　　　　　　　　　　　　　　　　　　　　）

▪ 出していないとしたら、それはなぜですか?

（　　　　　　　　　　　　　　　　　　　　　　　　）

▪ いつから本気を出す予定ですか?

（　　　　　　　　　　　　　　　　　　　　　　　　）

「マイペースで行く」という言い訳

「マイペース」という言葉も同様です。

「俺はマイペースでやるわ」「まあ、私はマイペースで行くよ」という言葉は、「(自分は、あなたや周りの人について行く自信がないから)マイペースで行くわ」という文脈で使われることが少なくないと感じています。

　これは本当にやめたほうが良い。

　言葉の影響力は大きい。いつも使っている言葉は潜在意識の奥深くまで染み込み、いずれその人そのものになります。

「マイペースで行くよ」と言う人は、「本気を出せばあの人たち（先行者）と同じスピードで同じゴールまで到達することができるけれど、今は気分が乗らないから（あえて）マイペースで行くことにしている」という自己催眠をかけています。

　僕は別に全世界の「マイペース」を否定したいわけではありません。ペースなんて、その人が自由に決めれば良い。当たり前の権利だし、みんながみんな全力で必死に走るべきだなどとは思いません。ここで言いたいのは、「その言葉を言い訳に使わないほうがいい」ということです。

　そもそもマイペース (my pace) は、自分に合った方法・進度を指す和製英語です。そこから派生して、他人に左右されず、自らの方法や進度を崩さない性格の人間を指すときにも使用されています（出典：Wikipedia）。

「一流の職業人になりたい」
「一目置かれる人間になりたい」
「第一人者になりたい」
「でも、自分のペースは崩さずに」

この世には天才と秀才と一般人がいます。

天才は類稀なる才能を持ち、生まれた瞬間から勝利が約束されている人と思われがちですが、そうではありません。彼らは、その領域で異彩を発揮するいくばくかの才能と、秀才の何倍も努力を続ける胆力と継続力を持っているのです。秀才が天才に勝てない理由はここにあります。

天才や秀才が、全力で走っている。いや、走りつづけている。一般人の僕らが、マイペースで走ることが相対的にどういうことか、言わずもがなです。

僕は、山に登ります。遅いですが、自転車（ロードバイク）で峠も登ります。脚は限界で、心拍数190で心臓を吐きそうになる。でも、仲間はグイグイ登って行く。そのとき、僕は「マイペースで行くんで、先に行ってください！」とは言いません。「もう脚が限界なんで、先に行ってください」と言います。

マイペースという言葉を言い訳に使うのは、もうやめませんか。

✎ work

- あなたは自分のことをマイペースな人間だと思いますか？

- マイペースのまま、ずっと人生を送りつづけるか、全力で努力するかのどちらを選びたいですか？

- 「一流の職業人」になりたいと思っていますか？

「努力できることこそが才能」なのか?

　僕は、マンガ『はじめの一歩』に出てくるジムの会長・鴨川源二が鷹村に贈った「努力した者が全て報われるとは限らん。しかし！　成功した者は皆すべからく努力しておる」という言葉が大好きです。

　自身が、できる限り近道かつできる限り短時間で効率的に、最大のアウトプットを出そうとする昨今の風潮に対し、「いやいや！　血反吐吐きながら努力しなきゃ一般人がジャイアントキリングなんて起こせないでしょ！」と昭和の価値観を振りかざしていることも自覚しています。

　あるとき、仕事論やマネジメントに詳しい安達裕哉さんのブログで、「マシュマロ・テスト」の示唆に関する記事を読みました（https://blog.tinect.jp/?p=68975）。要約すると次の通りです。

一連の研究から導き出された結論は、「人生にとって重要なのは才能ではなく、継続・努力である」という事実である。
　　　↓
「努力できることそのものが、才能だ」という主張がある（つまり、誰でも努力できるわけではなく、努力できることそのものが一部の人間にしかできないことなのだ、という主張）。
　　　↓
事実、多くの人は、やらない。言っても、やらない。
　　　↓
有名なマシュマロ・テストには誤謬（知識や考えの誤り）がある。
　　　↓
一部の「努力できない人」は、環境さえ変われば（整えば）努力できる。
　　　↓
努力できることは、才能ではない。努力できることは、周囲の人々や、コ

ミュニティの価値観を含む、環境の産物なのだ。

図にするとこんな感じでしょうか。

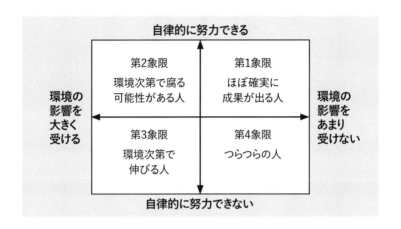

なるほど。

「努力しない、できない人も環境次第で花開く（可能性がある）」という視点は、僕にはありませんでした。確かに、僕には、今まで左下の象限への意識があまりありませんでした。それは、「成果を出す人間はどんな環境であれ努力して成果を出すからだ」というマッチョな思想が根底にあります。

各象限を1つ1つ簡単に整理してみます。

☑ 象限1：ほぼ確実に成果が出る人

自律＝環境の影響をあまり受けない（環境に左右されない）人。いわゆる自律型人材です。

努力をする達成志向が強く、ねばりと継続力を持っているので、この象限にいる人たちは遅かれ早かれ成果を出す確率がとても高いことを会社経営16年の中でも強く感じます。

ちなみに、**「自立」は人に頼らず物事を行なえること。「自律」は人からの支援なく自分の行動を自分の規律で行なえること**です。そのため、「自立してい

る他律な人」という人も存在します（指示すれば当該業務は完遂できるが、言わないと取り組ま（め）ない人など）。

　僕は、自立することは一人前の証、そのうえで、自律できているかどうかが大きな差を生むと考えています。

☑ 象限2：環境次第で腐る可能性がある人

　自律的に努力をするものの、良くも悪くも環境に影響を受けやすい人。自律できている時点で優秀な部類に入りますが、1つだけリスクがあります。それが環境要因。

　自分と同等もしくはそれ以上のスキルや熱量を持った同僚に囲まれた企業や組織に勤めることができ、最適配置をされればパフォーマンスを発揮し、メキメキ成長する。一方、ブラック企業だったり、上司や部下や同僚に恵まれなかったりすると、メンタルが折れ、ダークサイドに堕ちてしまうリスクを孕んでいる人です。

　この象限の人は、それを自覚し、メタの視点から右上へ移動する努力をしていただきたい（もったいないから）。

☑ 象限3：環境次第で伸びる人

　自律的には努力できないものの、環境要因を大きく受けるため、良い会社、良い組織、最適な配置（適材適所）、良い上司・部下・同僚などの環境が整えば伸びる人。この左下の象限が、僕の認識から抜け落ちていたタイプです。

☑ 象限4：つらつらの人（辛い人）

　他律だし、環境要因にも影響されない（環境が良くても努力できない、しない）人。ここにいる人は、残念ですが、かなり厳しいと思います。

☑️ やはり自律型人材こそが最強

　この考え方は、「みんなが努力できるわけじゃない」「努力できない人を排除する考え方は選民思想に通じていて良くない／嫌い」「それは強者の論理でしょ」「生存者バイアスだ！」など、批判も多いと思います。

　でも、人の持つ能力は、もともと不平等です。努力できる基礎能力（成長・達成志向性）も、胆力も、セルフモチベーション・マネジメントの力も、多くのものは不平等です。僕は、「不平等なものを平等に扱うことほど不平等なことはない」という言葉（考え方）を大切にしていて、会社経営もそのスタンスで行なっています。

　平等と公平は違います。機会と評価は公平ではなければなりません。でも、人が持つ能力は残酷ながら、不平等なのです。

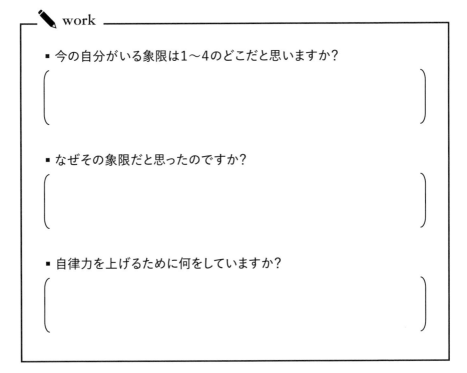

📝 work

- 今の自分がいる象限は1〜4のどこだと思いますか?

- なぜその象限だと思ったのですか?

- 自律力を上げるために何をしていますか?

そもそも自分の価値って?

　第3章で「会社が育ててくれないのであれば、自分で圧倒的な努力をして自分の価値を上げろ」というようなことを言いました。

　そもそも、仕事における人の"価値"とは何なのでしょうか。
　ここでは市場価値という面から考えてみます。
　僕は、価値には2つの種類があると考えています。それは、「雇う能力」と「雇われる能力」です。前者が起業家や経営者で、後者が会社員です。
　多くの人が、どこかの会社に属する(雇われる)会社員であるならば、その人たちの市場価値とは、雇用される能力(エンプロイアビリティ:労働市場における転職可用性の意味で使われることが多い)ということになります。

　市場(マーケット)における価値は、需要と供給のバランスで決まります。さらに、希少性と代替困難性も大きな影響変数になります。この厳しい現実を前に、「環境さえ整えば」という視点や主張は、ある程度同意はできるものの、どうしても頼りなく思えてしまうのです。

　僕は、自分のことを自責型の人間であると認識しています。
　その理由は、何かうまくいかないことがあったとき、国や、社会や、時代や、景気や、ウイルスや、競合や、社員のせいにしたとしても(他責にしたとしても)、ぐるっと一周回って最後は(経営者としての)自分にぜんぶ返ってくるだけだからです。
　もちろん、すべての人がマトリックスの右上の自律型人材になれるとは思いません。すべての人がなれないからこそ、この象限の人の市場価値が高くなるゆえんです。

では、どうするか。

自分は今どこにいて、どこに行きたいのか。

少なくとも、自分の現在地を知り、目的地を決め、もがくことはできるはずです。

あなたは今どの象限にいるのでしょうか。

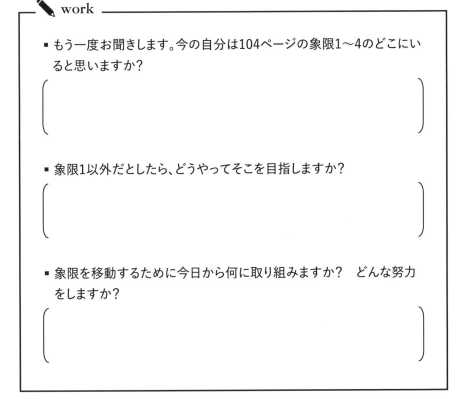

work

- もう一度お聞きします。今の自分は104ページの象限1〜4のどこにいると思いますか?

- 象限1以外だとしたら、どうやってそこを目指しますか?

- 象限を移動するために今日から何に取り組みますか? どんな努力をしますか?

「弱み」を解決できるほど
僕らの一生は長くない

☑ 好きなことに集中してリターンを最大化する

　第4章で「人より抜きん出るためには自分の強みにレバレッジ（てこ）をかけ、加速度的に成長する必要がある」と言いました。

　しかし日本では、たとえば小学生のときの通信簿で、国語5、算数2、理科4、社会4などの結果が出ると、親や先生から「お前は国語、理科、社会はできるんだから、もうやらなくていい。その分、算数をがんばりなさい、算数！」と言われます。つまり「強みを伸ばすのではなく、弱みを克服しなさい」と指導されるのです。

　しかし、今の時代、果たしてそれが正解なのでしょうか。

　好きだからできるのか？　できるから好きなのか？　両方なのか？

　あるいは、嫌いだからできないのか？　できないから嫌いなのか？両方なのか？

　「好きだけれどできない」ことは、あまりないと思います。好きなものは、それこそ寝食忘れて没頭するわけですから、人並みまではできるようになるはずだし、たいていのことは、人よりもできるようになる。好きなんですから。

　であるならば、**一度きりの人生、好きなこと（≒できること）に集中したほうが、人生のリターンは最大になるのではないでしょうか。**日本はなぜか弱みを克服して平均値を取らせようとします。もったいないことです。

☑ 「自分にしかできないこと」を最優先しよう

仕事には、次の4つがあります。

① 自分にしかできないこと
② 自分がやったほうが良いこと
③ 自分じゃなくてもできること
④ ほかの人がやったほうがうまくできること

僕は昔「それなりに器用」「何でも自分でやりたがる習性」「俺がやったほうが早い病」でした。

そのため、仕事をしている全体時間のうち、「②自分がやったほうが良いこと」がすごく多くなります。自分がやったほうが、部下よりもうまくできるし、早くできると思っていたわけです。

すると、「①自分にしかできないこと」に取り組む時間が少なくなります（おまけに、部下から仕事を奪っているから部下は育たないし、どんどん他律的になるという悪循環に……）。

さらにタチが悪いことに、自分の中に弱点があるのがすごくイヤだったことから“弱点を克服したい病”を発症し、20代の頃、財務や会計に弱いと感じていた僕は、「税理士になったら財務諸表に強くなるよな」と謎の決断をし、大原簿記学校に通って簿記論や財務諸表論の勉強をはじめるという愚行に走りました。

そもそも苦手なことなんですから、毎週末の講義は苦痛極まりなく、左手で電卓を叩きながら仕訳をしはじめる隣の生徒を見ながら、「こいつにはかなわない」と思ったり……。そして、全国模試で3000人中2950位の結果が出たとき、ようやく僕は気づいたのです。

「これ（簿記）、俺には合わないわ」

体は1つだけ、人生も一度きりしかない。時間も24時間、365日しかな

い。能力の有無にかかわらず、これはすべての人間に共通しています。

　であるならば、自分は、「②自分がやったほうが良いこと」「③自分じゃなくてもできること」「④ほかの人がやったほうがうまくできること」をやっている場合ではなく、「①自分にしかできないこと」に集中すべきなんじゃないのか——そんな当たり前のことに気づいたわけです。28歳でようやく。

☑ 「得意なこと」だけをやれる場合／やれない場合

　でも、こういう話をすると、「これって、自分の苦手なことなんですよね」「好きなことや得意なことを伸ばせと言われました！」などと勘違いする人が出て来ます。

　そんなときに、えとみほさんこと江藤美帆 (@etomiho) さんが、Twitterで下記の投稿をしていたのを見つけ、思わずうなりました。

　マネジメントをやってるとつくづく完璧な人などどこにもいないのだな、と思う。と同時に、全てにおいてダメな人もいないんだなと。だから自分は「短所は克服しなくていい」「得意なことに集中させる」という方針でやってきたんだけど、これがうまくいく場合といかない場合があることに最近気づいた。

　うまくいかない場合を端的に言うと、カツカツの人員で仕事を回している場合。1人で何役もこなさないといけないので、当然その中に苦手なことが混ざってくる。大企業の素晴らしいところは、細かい分業が可能で、うまくハマれば得意なことだけに専念させられることだと再認識した。

　100％同意です。

　たとえば、新規事業を立ち上げる3人のスタートアップ企業の場合、ビジネス領域を管轄するCEO、設計書なしでプロトタイプを作ってしまうCTO、マーケティングや営業をオールラウンドでこなすCOOなどという布陣が多い。

　その人数で、「俺、数字苦手だから経理とか絶対無理だわ。興味もないし」などと言うメンバーがいたら「じゃあ誰がやるの？　誰かがやらなきゃいけないでしょ？」となります。

人数が少ない組織では、全員が「だいたいのことはできるオールラウンダーであり、かつ何かの専門領域に強い人」でないとやっていけません。専門組織なんてものはなく、仕事の際（きわ）が滲みまくっているんですから。

　でも、事業が育ち、体制が50人や100人になってくると、分業による専門組織ができ、今度はオールラウンダーの活躍するフィールドから、「自分は○○のことについては誰にも負けないけれど、一方で△△については箸にも棒にもかからないくらい苦手」という人間が活躍できるフィールドが整ってくる。

　人気マンガ『宇宙兄弟』にもこんな設定があります。

　いま、ムッタはチーム・ジョーカーズとともに月のミッションに従事しています。リーダーは、経験豊富で月にも行ったことがあるエディ・J。メンバーは、力持ちのアンディ、陽気なフィリップ、イタリア人でキザだけど腕は確かな医師であるカルロ、男勝りなベティと個性派揃い。誰一人と言って、オール3のオールラウンダーはいない。でも、最高のチームを形成している。

　これは仕事で言うと、次のような状態だと思うのです。

　1人1人が、専門領域では戦闘力5だけれど、それ意外はオール1とか2とか3の状態。専門外のことについては平均以下だけれども、突出した得意領域を持っている。

　こういうチームの場合、オール3のスタッフは、全員のサポートをしたり、アシスタント業務をすることはあっても、キラキラ光り輝くことはなかなか難しい。本にたとえると、1冊でざっくり全体が概観できる総合書と、1冊で500ページの専門書という位置づけです。

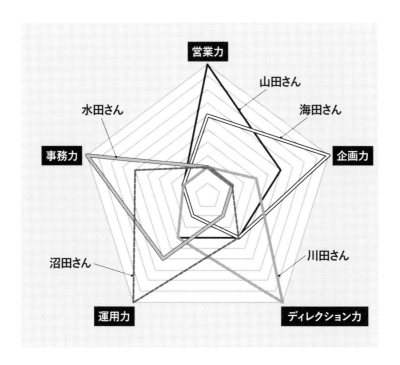

　ボート競技のような仕事の場合、漕ぐ力と持久力の高いチームメンバーが、一糸乱れぬリズムでオールを漕ぐことが「良いチームワーク」となります。この場合は、個性派揃いのチームは求められません。

　逆に、『オーシャンズ11』や『宇宙兄弟』や『ワンピース』のように、複雑なミッションや未知の敵と戦う状況適応力が求められる場合であれば、個性派揃いの凹凸メンバーが、それぞれの強みを発揮し、弱みを補完し合うチームのほうが高いパフォーマンスを出す。その場合においても、前提は、全員がそれぞれの持ち場において圧倒的なプロフェッショナルであることが必要です。

　だから、**小さな組織、またはすべての領域で仕事をはじめたばかりの新卒が「これ得意」「これ苦手」と言うのはナンセンスです。**強みを発揮し、弱みを補完し合える一定規模の組織で、「自分の持ち場においては右に出る者はいないレベルに達した人間」だけが「弱みは捨て、強みに特化する権利を

持つ」が正しい認識です。

　ここで言いたいことは、人生は弱みを克服することに時間を費やすには、あまりにも短い。だから、自身の強みを見出し、そこを徹底的に伸ばそう。重要なのは「徹底的に」ということです。

✎ work

- 自分の強みと弱みを挙げてみましょう。

（　　　　　　　　　　　　　　　　　　　　　　　　）

- 強みをさらに伸ばすために何をやりますか？

（　　　　　　　　　　　　　　　　　　　　　　　　）

- ほかの人にまかせられることは何ですか？

（　　　　　　　　　　　　　　　　　　　　　　　　）

「やりたいこと」は消去法で探せ

☑ 「やりたいこと」が見つからなくて焦っている人へ

「突出した専門性を身につけたほうが良いことはわかったけれど、どの道を選ぶべきか、やりたいことが見つからない」「好きを伸ばせという話はわかるけれど、自分が何が好きなのかわからない」という人も多いでしょう。

僕は、「やりたいこと」は消去法でしか見つからないと思っています。
一般的に、とにかく興味があることをやりまくってみることの価値は、「**3つの経験から好きなことを見つけることができる確率よりも、100の経験からのほうが見つかる可能性が高い**から」といわれます。

実はこれは、現実としては「見つかる」というよりも「残る」に近い気がします。1つか2つの仕事しか経験をしていない人が、「これぞ人生をかけて取り組むべき天職だ！」とは、なかなか思えないでしょう。「好きだし、向いている」と思いつつ、人は隣の芝の青さに魅了されてしまう生き物ですから、「この会社じゃないどこか」「この仕事じゃない何か」に可能性を感じつづけてしまう。

20代のうちなら、それでいいかもしれません。でも、30代後半や40代になっても「自分が本当にやりたいことは何なんだろう……」と思っているのは不幸だと思います。そうならないためには、20代の頃にたくさんの経験を積んでおくこと。注意すべきは、目的はあくまで30代以降で磨く専門性の領域を見つけること。**多くの経験を積むことは手段であって、目的ではありません。**

30代以降で磨く専門性の領域を絞り込むためには、次の方法がおすすめです。

① 好きなことや興味があること、得意なことをリスト化する
② 上記の情報を集める
③ 一番良さそうなものからやってみる（行動と経験）
④「これじゃない」を積み上げる（消去法）
⑤ 上記①に戻って時間の許す限り繰り返す

　多くの経験を通して、消去法で残った選択肢は納得感が違います。
　多くの選択肢から、いくつか有望なものを取り出し、「思っていたのと違った」「好きだと思ったけれど、あまり好きではないことに気づいた」「思っていたイメージと違った」といった実体験を積み、消去された選択肢は、これから一生、「考えなくて良いこと」になります。

　この経験をしておかないと、30代や40代になったとき、「実は俺、本当は○○に興味があったんだよな」なんて、ずっと未練がましくグチグチ言う羽目になりかねません。20代のうちに経験しておけば、「一度チャレンジしてみたけど、合わなかった。以上」で終わりなのです。
　だから、30代や40代になったときに惑わないためにも、20代や30代前半のときに興味があることを片っ端からやってみて、多くの経験を積んでおいたほうが良い。若い頃に多くの経験をした人は、30代、40代以降でキャリア迷子になる可能性が低くなります。自分にとっての軸が定まっているから、隣の芝の青さに惑わされないからです。

　今はパラレルワークなり副業なりで、転職せずともいろいろな経験を積むチャンスはいくらでもあります。20代は短い。見るだけ、言うだけ、考えるだけでなく、ぜひたくさん経験を積み、「可能性の消去」を開始してください。

- 好きなこと、興味があること、得意なことをリスト化してみましょう。

- 上記の情報を集めましょう。

- リストの中で一番良さそうなものからやってみましょう。

- 「これではない」「好きではない」「向いていない」を探しましょう。

- 上記のことを時間の許す限り繰り返しましょう。

☑ どうしても「やりたいこと」が見つからなければ CANを増やそう

消去法でもやりたいことが見つからない場合は、目の前の本業で最大の成果を出すよう、集中しましょう。**「できること＝CAN」が増えることは、自信につながります。**そして「できること」は頼られたり感謝されることにつながります。人から頼られたり感謝されていると、その仕事に誇りが持て、好きになります。逆説的ですが、「できる」が「好き」になるのです。

「やりたいことが見つからない」「何が好きなのかわからない」と、**自分探しの旅に大切な時間を使うのではなく、目の前のことに全力投球して「できる」を増やす。**ぜひ試してみてください。

✎ **work**

- 自分が「できること」をリストアップしてみましょう。

- 「できること」は誰のどんな役に立っていますか？　誰を喜ばせていますか？

- 「できること」をもっとできるようにするために何をしますか？

☑ 「好きではないこと」で成り上がれるほど世の中は甘くない

「好きこそものの上手なれ」――突出したスキルを身につけるために。一流の職業人になるために。一目置かれる人になるために。その道の第一人者になるために。僕は「好きを仕事にすること」に賛成です。

しかし、「仕事はそんなに甘いものではない。仕事にした途端、好きだったことが好きではなくなる可能性が高い」「"自分がやること"が好きでも、"人にやってあげること"や"人ができるようになることを支援すること"が好きとは限らない」など、「好きを仕事にする」ことについては賛否両論があります。

いろいろな意見がありますが、僕は、**ここまで環境変化のスピードが速く、不確実で、競争が激しく、正解すらすぐにコモディティ化してしまう現代において、「好きではないことで人よりも抜きん出ることができるほど、今の世の中は甘くない」**と考えています。

好きではないことを仕事にしている人は、プライベートの時間に仕事のことを考えません。1日のうち8時間だけ、仕事のことを考えます。

一方、好きな人は、仕事が終わっても四六時中、仕事のことを考えています。食事をしていても、お風呂に入っていても、飲みに行っても、週末に友だちや家族と遊んでいても、頭のどこかでずっとそのことを考えています。

1日8時間×週5日しか考えていない人と、1日16時間×週7日で考えている人とでは、どちらの人のほうに良いアイデアや創意工夫の神様が降りて来るでしょうか。答えは明らかでしょう。

別に「就業時間外も働け」とか「プライベートな時間までずっと仕事のことを考えていろ」と言いたいわけではありません。

好きな人は、義務でもイヤイヤでもなく、好きだからついつい考えてしまうのです。「考えないぞ！」と思っても、勝手に考えてしまう。なぜなら、それが楽しく、好きだからです。

僕が仕事をしているマーケティング業界で言えば、人の営みを科学することが好きで、天性のセンス（才能）があり、そのうえで人一倍の努力をしている人は最強だと感じます。そして、何よりその人たちは例外なく楽しそうで、仕事を含めた人生を謳歌しています。

　仕事で成果を出したいのなら、「好きを仕事にすること」をあきらめないでください。

✎ **work**

- あなたが寝食を忘れて没頭できる「好きなこと」は何ですか？

（　　　　　　　　　　　　　　　　　　　　　　　　　　　　）

- 「好きなこと」のスキルを上げるためには何をしたら良いと思いまか？

（　　　　　　　　　　　　　　　　　　　　　　　　　　　　）

- そのためにどのような努力、自己投資をしようと思いますか？

（　　　　　　　　　　　　　　　　　　　　　　　　　　　　）

第6章

自分を育てるセルフ働き方改革①

仕事への向き合い方

「くれない族」になるな

　ここから、いよいよ具体的な仕事術について解説します。
　同じ環境で仕事をしていても、臨むスタンスでその成果や成長には雲泥の差が生じます。大事なのは行動とそれを規定するスタンスです。

　仕事をするうえで最も重要なのは「自律心」です。74ページでも言いましたが、何か困ったことや気に食わないことがあると、「教えてくれなかった」「指示してくれなかった」「助けてくれなかった」と思いがちな人は注意してください。
　もちろん、上司や先輩は教えること、指示やアドバイスをすること、親切・丁寧にサポートをすることが仕事です。しかし、同じ環境でも伸びる人は伸びるのです。「くれない族」になってはいけません。

✎ **work**

・あなたは、自律心を持って仕事ができていると思いますか？

( )

・もし「できていない」としたら、それはなぜだと思いますか？

( )

・上司や先輩との関係はうまくいっていますか？

( )

最も効率的な仕事の学び方

☑ 「わからなかったこと」や「できなかったこと」をそのままにするな

　仕事をしていれば、わからないことがたくさん出て来ます。新しいことにチャレンジしていればなおさらでしょう。

　たとえば、社内ミーティングやお客様先での会議中、初めて聞く言葉や、聞いたことはあるけれどちゃんと理解していない言葉が出て来た場合、あなたはどうしていますか？　上司や先輩が話しているし、自分には関係ないとスルーしていないでしょうか。

　わからない言葉やわからないことがあったら、その都度漏らさずメモをし、あとで必ず調べて解消しておきましょう。これだけで仕事力が一気に上がります。今やネットで調べればあらゆる情報が出て来ます。**「今日わからなかったことは今日中に解消する」** ことが、**着実に成長するための一番の近道**です。

☑ 自ら学んだあとに教えを請いに行く

　わからないことがあったとき、すぐに上司や先輩に教えてもらいに行くのはあまりホメられたものではありません。理由は、すぐに手に入った回答はすぐに忘れてしまうからです。

　まずは自分で徹底的に調べてみる。そのうえで「ああでもない、こうでもない」と思考を巡らせる。そして「○○という理解で正しいのか？」という仮説ができた段階で上司や先輩に聞きに行く。これだけで「身になる知識」の付き方が断然上がります。

　これこそ、人気のサッカー漫画『アオアシ』の東京シティ・エスペリ

オンユースの福田達也監督が言った「自分でつかんだ答えは一生忘れない」です。

☑ 「教えること」が「一番の学び」となる

人よりも早く、多くのことを学びたいのなら、人に教えるのが一番です。「学ぶのに教えるの？」と疑問を持つかもしれませんが、間違いありません。この世に絶対はありませんが、これも絶対です。

理由を説明します。

人に教えるには、まず言語化する必要があります。自分では理解できているつもりでも、いざ人に教えようとすると、うまく説明できないことが多いはずです。口頭ではなく、文章に書こうとすると、難易度はさらに上がります。

多くの人が持っている仕事のノウハウとは意外とあいまいなもので、「自分がやるならできる」暗黙知的なものがほとんどです。人に教えるためには言語化というプロセスが必須となるため、否が応にも暗黙知を形式知に変換する必要が出てきます。

経験によって身につけた暗黙知を言語化というプロセスを通して形式知化することで、頭の中が整理され、「知識や経験」が「再現可能な知恵や知見」に変わり、身体に染み込むのです。

多くの人が「教える人が一番得をする」といいます。ぜひ実践してみてください。

 **work**

- 今日の「わからなかったこと」は何でしたか？　今日中に調べましょう。

- 上司や先輩に聞きたいことは何ですか？　聞く前に自分で調べましょう。

- 後輩、あるいは社外の人に自分が今やっている仕事をきちんと説明できますか？　その人がいるつもりで鏡に向かって3分間話してみてください。

HATARAKIKATA

「期限を守る」を最優先する

　提案書でも報告書でも調査レポートでも、仕事が丁寧な人ほど、できる限り100点に近い成果物にして提出することにこだわります。しかし、仕事には必ず期限があります。**期限こそが仕事の成果を決めるすべてであり、期限をすぎた100点の資料は、期限通りの70点に劣る**のです。

　ですから、仕事を依頼されたときは、最初に期限を確認してください。同時に、その期限までに求められるクオリティについても確認しましょう。
　仮に、その期限までに100点満点の成果物を自力で出すことが無理そうであれば、期限までに1回か2回、途中の相談会を設けさせてもらい、50点→70点→100点に近づけていくのです。
　そうしたことをせずに、期日もしくは前日になってから「終わりませんでした」では、上司や先輩は次から安心して仕事をまかせることができなくなってしまいます。
　仕事力とは段取り力。期限を守ることを最重要事項としてください。

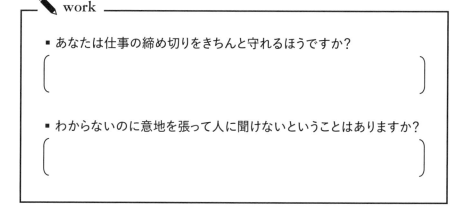

　✏️ **work**

- あなたは仕事の締め切りをきちんと守れるほうですか?

[　　　　　　　　　　　　　　　　　　　　　　　　　　]

- わからないのに意地を張って人に聞けないということはありますか?

[　　　　　　　　　　　　　　　　　　　　　　　　　　]

悩んだら 「自分が大きくなるほう」を選ぼう

　人生は選択の連続です。

・今日は何を着ていくか？
・ランチはどこで誰と何を食べるか？
・どの仕事を先に片づけるか？
・上司からの進言に従うべきかどうか？
・来週の業界交流会に参加するか否か？

　僕たちは、毎日、小さなことから大きなことまで実にさまざまな選択を行なっており、その選択した結果が一本につながったものが人生になります。

　今日のランチをラーメンにするかカレーにするか程度の選択であれば、僕らは悩みません。なぜなら、仮に「しまった！　カレーにすれば良かった！」と思っても、次の日のランチで食べれば良いだけなので、失敗しても後悔が小さくて済む＝リスクが小さいからです。

　一方、あるとき社内で「新しいプロジェクトを開始します。チャレンジしたい人は立候補してください」などのアナウンスがあったときは話が変わります。

　ただでさえ仕事は忙しいのに、新しいプロジェクトに参画したら確実に残業が増えます。おまけに、就業時間外に不足している知識を吸収するための読書をしなければならないかもしれません……、悩みどころです。

　でも、頭では考えているフリをしながら、内心では「チャレンジしたい」と思っているのであれば、思い切ってやってしまいましょう。

やらずに後悔するよりも、やったことによる後悔のほうが良い。 そして、だいたいの場合、やったことによる後悔など、たかが知れています。

　悩んだら「自分が大きくなれそうなほう」を選ぶ。そのほうが楽しい未来が拓ける可能性が高いと思います。

 work

- ▪「本当はチャレンジしたいけれど、今の自分の実力を考えると、手を挙げづらい」仕事はありますか?

- ▪ 新しい仕事をまかせてもらうために、どのような言動をすれば良いと思いますか?

- ▪ やりたい仕事をまかされるためにどんな努力をしていますか?

選択の正しさは
選択後の行動で決まる

　就職先を選ぶことや、転職するかどうかを考えることも、大きな悩みの1つです。就職や転職で失敗すると、仕事は楽しくないし、キャリアに傷はつくし、すぐには辞められずに辛そうです。考えただけでもゾッとします。

　だから、多くの人が、A社とB社の2社から同時に内定が出たら、「どちらに行くべきか？」を悩み、悶絶します（ちなみに、こういうときに人間は、「どちらの選択が正解か？」ではなく、「どちらの選択が間違っているか？」と、失敗を回避したい欲求が強くなります）。

　大きな選択を前に足がすくみ、悩み、身動きが取れなくなる人はたくさんいます。だから、世の中には「正しい選択法」「後悔しない決断の仕方」などに関する情報がたくさん存在します。これらに共通しているのは、すべて「選択した瞬間に成否が決まる。だから最高の選択をする方法を教えます」です。

　でも、僕は思うのです。果たして、その選択が正しいのか、間違っているのかが、選択した瞬間に決まるのでしょうか。

　昔、「人生、やり直せるとしたら、どのタイミングからやり直す？」という質問をされたことがあります。僕は、「どこからもやり直さない。もう一度生まれ変わっても、すべて同じ選択をする」と答えました。恰好をつけているわけではなく、本当にそう思うのです。

　自慢ではありませんが、人より多くの失敗をしてきたつもりですし、決して順風満帆な人生ではありませんでした。でも、それも全部ひっくるめて、過去の選択はすべて正しかったと感じています。

もっと言えば「**選んだ選択肢が正しかったか、間違っていたかは、選択した瞬間には決まっていない。選んだほうが正しかったか、間違っていたかは、選択したあとの行動と解釈によって決まる**」と思っています。

　大きな選択をしようとしている方へ。
　とても怖いですよね。でも大丈夫です。あなたがしようとしている選択が正しかったのか、間違っていたのかが決まるのは、もう少し先のことです。だから、そんなに怖がらなくて大丈夫。
　なぜなら、その選択が正しいものになるように、あなたは努力することができるからです。だから、自信を持って、直感で選んでください。そして、その直感を正しいものにするように、ひたむきに努力してください。そうしていれば、あなたがする選択は、すべてが正しいものになるはずです。

　就職や転職後に「いやあ、クソみたいな会社だわ！　完全に転職活動失敗したわ！」と言っている人は、どこの会社に行っても、だいたい同じことを言っています。それは、選択を間違ったわけではなく、選択後の行動や解釈がそういう結果にしてしまっているからです。

　どちらを選択したとしても、**選択後に一生懸命行動する人にとっては、どちらの選択肢も正解になりますし、逆に、選択後にたいした行動もせず、すべての不遇を外部環境のせいにしている人は、どちらの選択肢も不正解になってしまうということなのです。**

　選択が正しかったかどうかは、選択したあとの行動と解釈が決める。そう思えば、大きな選択を前に、ほら、少し気が楽になりませんか？

✎ work

- 最近、仕事における選択で迷ったこと、あるいは今、迷っていることは
  何ですか?

- 選択に迷っている理由をできる限り挙げてみましょう。

- 選択したことを正解にするためにどんな努力をしていますか?

仕事での成長は
「累積矢面時間」に比例する

☑ 仕事力＝引き出しの量×瞬発力

オンラインでもオフラインでも、クライアント（顧客）とのミーティングがある人は多いでしょう。そのとき相手の口から「いやあ、最近売上が厳しくてねぇ……。去年と同じ予算で同じことをやっているのに、明らかに成果が出なくなってきているんですよ」なんて言葉が出て来るかもしれません。

そのとき、あなたは何と返すでしょうか？

クライアントの課題は、どんどん複雑化・抽象化してきています。「理想はここ、現状はここ、ギャップがこれだから、課題はこれ。予算はいくらで、時間軸はこんな感じだから、解決するための提案を持って来て！」などと逐一丁寧に説明してはくれません。

となると、僕たちの仕事は、クライアントが口にする抽象的かつあいまいな発言を受け止め、その場で100往復のキャッチボールをしながら、最後に「あなたと話して、自分たちの課題が明確になりました！　その課題を解決したいから、ぜひ次回、具体的な提案をお持ちください」と言ってもらうことです。

僕は、この作業を「要求定義」と呼んでいます。

システム開発は、一般的に、「要件定義→詳細設計→実装→テスト→ローンチ」の順番で進みます。**要求定義とは、要件定義の前に行なう工程で、顧客の希望を聞き、何が優先順位の高い課題なのかを明確にするとても重要な作業です。**

問題は、この要求定義は、クライアントとの100往復を超える動的な

キャッチボール（会話）の中で行なわれていくことです。

　クライアントが「売れなくて困っている」と言ったとき、「持ち帰って提案にまとめてきます」「次回までに調べておきます」ではダメなのです。
「ああでもない、こうでもない、こっちですか？　あっちですか？　こういうことが考えられる、もしくはこっちかもしれない、こういう打ち手はどうか？　もしくはこっちの打ち手という考え方も……」というキャッチボールの中で、クライアントが持つ真の要求は解像度を上げていきます。

　だから、僕たちに必要なスキルは、知識だけでは足りません。思慮深く熟考してウンウンうなりながら考え込んでしまっては、会話が成り立たない。知識を持っていることは大前提で、その知識が詰まっている引き出しを瞬時に開けて、動的な会話を紡いでいかなければなりません。

　　要は「**仕事力＝引き出しの量×瞬発力**」なのです。
　良いお手本がいます。『千と千尋の神隠し』に出てくる釜爺です。彼は6本の腕を巧みに動かし、最高の湯を作ります。
　釜爺は、天井からリクエストの札が降りてきた瞬間に、数ある引き出しの中から、顧客が希望する湯をブレンドするための薬草を取り出します。「この湯はあの薬草とあの薬草のブレンドだな。それはあそこと、あそこの引き出しに入っている」と無意識に腕が伸び、それを取り出す。
　これこそまさに「仕事力＝引き出しの量×瞬発力」のお手本です。

☑ 引き出しの量を増やし、瞬発力を上げるには?

　では、僕たちが「ビジネス界の釜爺」を目指すためには、どうしたら良いのでしょうか？
　詳細は第9章で解説しますが、まず**本を死ぬほど読んで引き出しを増やす。**読書で、ある程度引き出しの量を増やし、その引き出しの中に必要な知識を入れていくことができます（当然、実践で使うことで知識を知恵に変

えていかなければなりませんが、知識がなければ実践すらできないので、机上の学習も大切）。また、ブログやnoteを書くと、頭の中が整理されるため、引き出しの中の知識をReadyな状態にしていくことにもつながるからおすすめです。

　しかしそれだけでは、待ったなしの現場では戦えません。
　瞬発力が足りないのです。この**瞬発力を上げる唯一の方法は、「累積矢面時間を増やすこと**です。この矢面時間という言葉は初耳かもしれません。これは、元野村総合研究所 ICT・メディア産業コンサルティング部 主任コンサルタントの鈴木良介氏の言葉です。

　野村総研には、その道のプロフェッショナルであるコンサルタントが大量に在籍しています。鈴木氏は、そんなトップレベルの世界で「ビッグデータといえば鈴木」「IoT × AIといえば鈴木」というポジションを獲得していた気鋭のコンサルタントです。
　鈴木氏は、「戦略的・計画的に自身のキャリアを作っていくためには、どれだけクライアントとの矢面に立ち、成功と失敗の経験を積んだか。それに尽きる」と説いています。

　クライアント先で会議に参加していても、ただ座っているだけでは累積矢面時間は蓄積されません。宿題をもらって帰社して、会社で提案書や報告書を作成していても、クライアント先でそれをプレゼンしない人間はどこか他人ゴトで仕事をしています。なぜなら、自分がしゃべるわけではないからです。だから、そういう仕事も累積矢面時間には積算されません。

　でも、ひとたび「上司（もしくは先輩）が風邪をひいた。明日のプレゼンはあなたがやってください」と言われた瞬間、自分ゴト化するのです。「ヤバイ！　どう話そう？」「説明する順番を整理しておこう」「どんな質問が来ても答えられるように想定Q & Aを用意しなきゃ……」。これが累積矢面時間なのです。
　後ろを振り返っても誰もいない、「自分がやるんだ」というヒリヒリ

感の中で、どれだけ目の前の仕事を自分ゴトとして捉え、取り組むか。
あなたの累積矢面時間はどのくらい貯まっているでしょうか。

　**本を読んで引き出しを増やす。累積矢面時間を増やして瞬発力を上げる。それ
を1分1秒でも多く積み上げる。この2つを愚直に繰り返す。**
　そうすることで、どんどん勝率が上がるはずです。

✎ **work** ─────────────────────

- あなたの先週の累積矢面時間は何時間でしたか？

- それに52をかけてみましょう（年間の想定累積矢面時間）（A）。
A÷2080時間（年間の所定内労働時間）×100＝年間累積矢面時間比率

- もしほとんどなかったとしたら、どうやって累積矢面時間を増やしますか？

上司の「時間」ではなく
「仕事」を奪え

「できる人」がやっていること、それは、「上司の時間を奪う」のではなく「上司の仕事を奪う」ことです。

「今、一瞬いいですか?」
「相談に乗ってもらいたいことがあります」
「この資料を確認してフィードバックをください」

　これらは、すべて上司の時間を奪っています。一人前になるまでは誰でもそうですから、決して悪いことではありませんが、「自分が上司の時間を奪っている」ことは自覚しておいたほうが良いでしょう。

　一方**「できる人」は、「ここから先は私がやるのでもう大丈夫です」と上司の仕事を奪います。**
　すると、上司は仕事が奪われる分、どんどん別の新しい仕事や抽象度が高い仕事に時間が使えるようになり、チーム全体の生産性が上がります。当然、その部下への信頼と評価は高くなり、部下は昇進・昇格・昇給します。

　上司の仕事を奪うためには、「上司の仕事内容」と「その仕事に求められていること(仕事の背景と目的)」をしっかり理解している必要があります。

　あなたに上司がいるように、多くの場合、上司にも上司がいます。上司の仕事の多くは、上司の上司から頼まれた仕事です。となると、上司がしている仕事を奪うためには、上司の上司が何を考え、どのような問

題意識を持ち、上司に仕事を依頼しているのか、解像度高く考察できなければなりません。

　上司の仕事を奪うことができる部下は、なぜ仕事力が高いのか。それは、自律性や高い職務遂行能力だけでなく、日頃から「上司の上司が考える、解決すべき課題の背景や目的」を推察することを習慣化し、その力を養っているからです。これが、「できるヤツは2つ上の上司を見て仕事をしている」と言われるゆえんです。
　できる部下の仕事は上司の仕事を奪うこと。それが社内で一目置かれる一番の早道です。

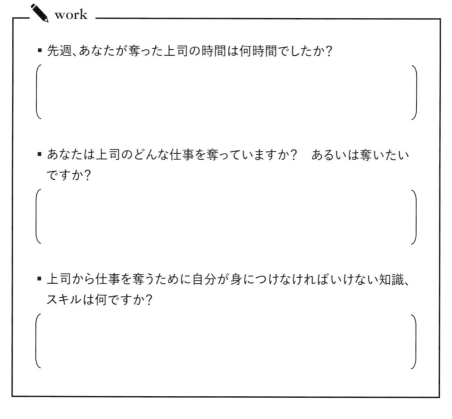

work

- 先週、あなたが奪った上司の時間は何時間でしたか?

- あなたは上司のどんな仕事を奪っていますか?　あるいは奪いたいですか?

- 上司から仕事を奪うために自分が身につけなければいけない知識、スキルは何ですか?

守破離を徹底する

☑ まずは「素直さ」を身につけよう

「成長する人の共通項は何ですか？」という質問をたくさんの人からいただきます。僕の回答は、いつも決まって「素直な人」です。

現代は、かつてないほど変化のスピードが速いですが、どんな時代になっても、変わらないものがあります。その1つが、大半のスキルは「守破離」である、ということです。

しゅ‐は‐り【守破離】
剣道や茶道などで、修業における段階を示したもの。「守」は、師や流派の教え、型、技を忠実に守り、確実に身につける段階。「破」は、他の師や流派の教えについても考え、良いものを取り入れ、心技を発展させる段階。「離」は、一つの流派から離れ、独自の新しいものを生み出し確立させる段階。

（出典：コトバンク）

仮に、あなたが中華料理店に転職して3日ほど経ったとします。昼どきの厨房は戦場です。あなたがオーダーの入ったラーメンを作りはじめようとしたとき、マスターから「おい！　先に餃子を2枚焼きはじめて、そのあとそこの長ネギを5本切っておけ！」と言われたらどうするでしょうか？

ほとんどの人は、「へいっ！」と言うことを聞くけれど、何人かは「えっ、先にラーメンを作ったほうが良くないですか？」と持論を持ち出します。中華料理店の厨房に20年間立ちつづけ、1日200人のランチタイムを仕

切り、数千回、ラーメン、チャーハン、餃子などを最適なタイミングで顧客に提供してきたマスターが、「今はラーメンじゃなくて餃子2枚とネギ5本が先だ」と言うのであれば、それは99.9％の確率でマスターが正しいはず。

　無論、0.1％くらいの確率で、「ラーメンが先」が正解のときもあるでしょう。

　しかし、その程度の確率のために、いちいち優しく「何でそう思ったの？」「そっか、そういう風に考えたんだね」「今回は違うけど、それはとても大切な視点だよ」「思ったことはこれからもどんどん言ってね」などとやっていたら、お客様から「おい！　俺のラーメンまだか！」とどなられます。

☑ 創造性を発揮するのは「破」の時期から

　最近では、新入社員にこのようなことを言う企業が多い。

「入ったばかりの新鮮な眼で社内を見渡して、違和感があることは遠慮なくどんどん言ってね。そういう視点って、入社してしばらく経つと当たり前になって忘れちゃうから。そういうところに貴重な発見って隠されているからさ」

　入社間もない新卒や経験の浅いスタッフの意見に対して、「いいから言われた通りやれ！」と返すと、「伝統的、前時代的、ブラックな会社」と言われる時代になりました。

　でも、ですね。
　そもそも「仕事の進め方」について、新卒や入社間もないスタッフからの意見に金言が隠されている可能性がどのくらいあるでしょうか。プランニングやアイデア出し、「社内の常識は社外の非常識」などの業務改善ポイントの抽出などを除き、ほとんどないのが実情でしょう。

　若さや創造性もいいけれど、それは守破離の「破」の時期からやりま

しょう。「破期」になったら、話を聞くし、意見も尊重する。個性も出してほしい。でも、それはあくまで「守」が終わってからのことです。

　たとえば、空手をまったくやったことのない人が空手教室に行って、先輩から「最初はこの型からだ」と言われたとき「えー、僕はこっちの型からやりたいです」「この型からって何か意味があるんですか？」などと言いますか？

　ここまで説明しても、「いや、そんなことはない。意味のない仕事はたくさんあるし、仕事ができない無能な上司もたくさんいる。必ずしも守破離ではない場合もある」という人もいるでしょう。それもわかりますが、例外の話をしていたらキリがありません。ここでは最大公約数の話をしています。

素直であることは、媚びへつらうことでも、従順なことでもありません。

　まず、言われた通りやってみる。「ちょっとおかしいな」「何でだろう？」と思うことがあれば、それはメモしておく。「素直にやる」「指示された通りにやる」「納期よりも早く終わらせる」「期待されたよりも高い精度で終わらせる」を繰り返す。すると、最初に感じていた疑問や葛藤は「なるほど！　そういうことか！」と、多くの場合、解消します。

　それでも「ここはおかしい」「こうしたほうがもっと良い」と思うことがあるでしょう。そのときが「守期」が終わったタイミングです。

　そこからは、大いに個性を発揮し、意見を言い、自分の思う通りにやってみましょう。逆に、「守期」が終わっても言われたことしかやらない他律タイプや、個性が発揮できない（破ができない）人は成長が止まってしまいます。

　中には「守」の時期がなくて（下積みがなくて）成功できる人もいます。

　一度も会社勤めの経験がなく、いきなり起業して上場させたり、本を書き、セミナーをやり、多くの信者を持つ人たちもいます。でも、それは10万人に1人の異常値です。一般人の僕らに、再現性はありません。

僕はマーケティングを20年以上やってきました。それなりのことはできる自負があります。でも仮に、今の会社を離れて違う業界に転職したとしたら、少なくとも3カ月間は「守」に徹します。それは、空気を読むことでも、猫をかぶって様子を見ることでもありません。その業界や組織が作ってきたルールや正解をまずすべて自分の中に取り入れ、そのうえで自分の個性を出すことが、結局（自分の思い通りの成果を出すための）最短距離だと思うからです。

☑ 素直な人が早く成長できる理由

　もう1つの視点。
　素直な人は、なぜ成長が早いのか？
　それは、上司や先輩からかわいがられるからです。
　上司や先輩だって人間です。指示したことに、いちいち「なぜですか？」「本当ですか？」「そうは思いません」「僕（私）は……」と言ってくる新人は、かわいくない。せっかく良かれと思っていろいろな助言をするのに、いちいち持論を展開されたら、面倒くさくなる。自然と距離が生まれ、いずれアドバイスすることを避けるようになる。

　逆に、**素直な人は、気持ちがいい。**
　アドバイスをすると「はい！」「なるほど！」「勉強になります！」「やってみます！」と返ってくる。かわいくなる。かわいいから、みんなアドバイスしてあげたくなる。みんながその子に目をかけ、かわいがる。だから成長が早まる。
　かわいがる上司や先輩の心理は、その子を育ててあげたい気持ちが半分、その子から気持ちの良い反応が返ってくることで、自分が気持ち良くなりたい気持ちが半分です。人間なのですから。

　誤解されそうなので、念のためもう一度言っておきます。
「素直さ」とは、媚びへつらうことでも、従順なことでもありません。
「素直」とは、考え・態度・動作がまっすぐなこと。ひがんだ所がなく、人に逆らわないこと。心が純真さを失っていないこと。

「素直さ」とは、打算でも演じることでもありません。隠そうと思っても毛穴からにじみ出てしまう、その人のキャラクターそのものです。

　人からかわいがられる人、愛される「人たらし」は、年齢に関係なく、明るく、まっすぐで、素直な人だと思います。

いつの世も、人は、気持ちの良い人の周りに集まるものです。

✎ **work**

- 今の自分は「守破離」のどの段階にいるでしょうか？ 「できていること(わかっていること)」「できないこと(わかっていないこと)」を書き出して確認してみましょう。

  (　　　　　　　　　　　　　　　　　　　　　　　　　　)

- 上記で判明した自分の段階に応じた働き方ができているでしょうか？ 自分の日々の仕事ぶりを振り返ってみましょう。

  (　　　　　　　　　　　　　　　　　　　　　　　　　　)

- 次の段階を目指すために今からやるべきことを書き出してみましょう。

  (　　　　　　　　　　　　　　　　　　　　　　　　　　)

モチベーションを上げるのも
仕事のうち

☑ 常に最高のパフォーマンスを出すのがプロ

　この章の最後は、これまでお話ししてきた"仕事への向き合い方"を
維持しつづけるために必須のセルフモチベーション・マネジメントにつ
いてお話しします。

　良い仕事を長く続けるためには、モチベーションは重要です。

　でも一方で、「**プロフェッショナルならモチベーションうんぬんに関係なく、常
に最高のパフォーマンスを出すべき**」も真なのです。

　僕は、「モチベーションを上げるのも仕事のうち」と考えています。
モチベーションが上げられず良い仕事ができない人は、プロではなくア
マチュアです。自分自身でモチベーションを維持・向上させることがで
きることが、プロの条件の1つなのだと思うのです。

　よく「あーあ、モチベーション上がらねー！」とか「上司に小言を言
われてモチベーションが下がっちゃいましたよ！」という声を聞きます。
また、「あの人、ぜんぜんモチベーションが上がるようなこと言ってく
れないんですもん！」とふてくされている人もいます。

　厳しいことを言わせてもらいます。

　**モチベーションは、人に上げてもらうものではありません。自分で上げるのです。
それがプロなのです。**

143

☑ 自分のモチベーションメーターを持て

　仕事は、42.195kmのフルマラソンのようなもので、とても長い距離を走りつづけなければなりません。長く走れば、途中でエネルギーが不足します。また、仕事ですから想定外だったり不愉快なこともしょっちゅうありますから、どんなに元気な人でもモチベーションが低下することもあるでしょう。

　個人的には、プロフェッショナルたるもの、「最近、どうしたのよ。パフォーマンス低いじゃん」「いやあ、ちょっとモチベーションが上がらなくて……」というのはあり得ない話です。
「アマチュアじゃないんだから、あなたのモチベーションうんぬんはどうでもよくて、プロなんだから、もらった対価かそれ以上のパフォーマンスを出しつづけるのがプロとしての責任でしょう。大谷翔平が『今日はモチベ上がらないんで適当にバット振りますわ』とか言う？　モチベーションってのは誰かに上げてもらうものではなく、自分で高めて維持するもので、それも含めてプロでしょう！」と言いたくなってしまいます。

　車が走るためにはガソリンが必要です。運転中にガソリンがなくなりそうだったら、ガソリンスタンドに寄りますよね。
　人間だって同じです。「ちょっとモチベーションが下がってきたな……」と思ったら、ガソリンスタンドに寄るのです。
　たとえば、僕なら「疲れてちょっと元気なくなってきたな……」と思ったら、『摩天楼（ニューヨーク）はバラ色に』『プラダを着た悪魔』『ザ・エージェント』などのDVDを観ます。理由は、これらの映画を見ると「俺もがんばろう！」とモチベーションが上がるからです（笑）。

　映画や自己啓発本、燃料を注いでくれる仲間やメンターに会う、自身の未来手帳を見返しながら設定した目標に想いを馳せるなど、自分の燃料タンクを満タンにするための方法は人それぞれでしょう。

大切なのは、**定期的に自分のガソリンメーターをチェックする習慣をつけ、残量が少なくなってきていることを察知し、減ってきているなら自らガソリンスタンドに行き、自分に合ったガソリンを自分で注入する**ことです。

☑ 「できる人」とは走りつづけている人

走りつづけている人とは、走りつづけるための技術、つまり、燃料が足りなくなってきたことを自覚できる能力を持ち、自分なりのエネルギーチャージ法を知っている人です。

問題なのは、自分のガソリンメーターを見ない人。ガス欠で走れなくなっても、燃料が切れていることに無自覚な人。もっと早くガソリンスタンドに寄るべきだったと振り返れない人。自分のガソリンが何かわかっていない人。行きつけのガソリンスタンドを持っていない人。「何で誰もガソリンを入れてくれないんだよ！」とふてくされている人は論外です。

人間、どんなに精神が強い人だって、長く走ればエネルギーが切れるときもあるでしょう。そんなの誰だってそうなのです。

一流の職業人、業界の第一人者として走りつづけている人は、自分のガソリンタンクの容量を自覚していて、常にガソリンメーターを確認しながら、必要な頃合いで、行きつけのガソリンスタンドに立ち寄り、最も相性の良いハイオクガソリンを注入している人です。

自分のことは自分でちゃんとメンテナンスする。そこまで含めて仕事力なのです。

☑ 一流と普通を分けるのはモチベーション

一流の職業人、業界の第一人者と「普通の人」の違いは継続力です。継続力は情熱に比例し、情熱は内発的な動機の力、つまりモチベーションです。

本書ではいろいろお話ししていますが、結局、どこで差がつくのかというと、モチベーションです。そして**モチベーションは使えば必ず減り、充てんしなければ枯れるのです。だからこそ、自身のモチベーションの源泉を知り、**

その泉が枯渇しないよう常にエネルギーを注入しつづける必要があるのです。

　内発的動機は、あなたのものです。誰にも上げることはできません。
だから「内発的」動機なのです。あなたは、どうなりたいですか。どう
ありたいですか。それはなぜですか。

　それらを明確にし、ぜひ自身を育てる働き方をしてください。

✎ **work**

- 自分のモチベーションが上がるとき、下がるときはそれぞれどんなと
きですか?

( )

- あなたが元気になる「やる気スイッチ」を3つ書き出してみましょう。

( )( )( )

- 仕事のモチベーションが上がる映画、マンガ、小説、音楽などをでき
るだけたくさん書き出してみましょう。

( )( )( )

( )( )( )

( )( )( )

第7章

自分を育てるセルフ働き方改革②

コミュニケーション力を高める

世界 No.1 レベルの "報連相の達人" を目指せ!

「仕事の基本は報連相です」と言うと、「そんなことわかっているよ!」という声が聞こえてきそうです。

いやいや、それがそうでもないのです。僕は当社を含め、かれこれ20年以上もリーダーやマネージャーや社長業をやっていますが、「この人の報連相は完璧だなあ!」と関心する人は数人くらいしか記憶していません。そのくらい、「報連相が完璧な人」は少ないのです。

もちろん、部下や後輩が「報連相したくなる」「報連相しやすい環境作り」は会社や上司の仕事です。ですから、すべてがすべて、「部下や後輩の報連相力が低い!」と断じたいわけではありません。それでもなお、みんながもっと報連相レベルを上げるべきだと思います。

部下や後輩を持つとわかりますが、**上司や先輩の立場からは、驚くほど部下や後輩の仕事ぶりは見えません。リモートワークならばなおさらです。**
上司や先輩は「大丈夫かな?」「つまずいていないかな?」「悩んでいないかな?」「スケジュール通りに進んでいるかな?」「成果物が落第点だったらそのあとどうやってリカバリーしよう?」などと頭の中は不安で一杯です。

仕事をしている当の本人は「余裕、余裕♪」と思っていても、上司や先輩は「安心していいのか?」「心配したほうがいいのか?」「声をかけたら良いのか?」「まかせておいて大丈夫なのか?」が、わからないのです。

だからこそ、こまめな報連相が必要なのです。

今や大半の企業でSlackやMicrosoft Teamsなどのチャットツールが導入されているでしょう。プロジェクトのスレッドやDMで「今日の進

挨報告（返信不要です）」として、カジュアルでも良いので頻繁に報連相をしましょう。

　こう言ってはなんですが、**上司や先輩も人間です。こまめに報連相をしてくる人間や、「状況が把握できている人」はかわいく思えるものです。**

　報連相にお金はかかりません。しかも1分でできます。だけどその効果は絶大！　ぜひ実践してください。

✎ **work**

- 自分の「上司、先輩への報連相」レベルは100点満点中どれくらいだと思いますか？　自己採点してみましょう。

- 今まかされている仕事はどのタイミングで何回くらい報連相すれば良いと思いますか？

- 報連相の内容を事前にまとめるようにしてみましょう。

HATARAKIKATA

人を動かすには、
相手の頭と胸と腹を狙い撃て

☑ ビジネス上のコミュニケーションには必ず「目的」がある

　コミュニケーションの基本的な心得に続いて「人を動かす伝え方」についてお伝えしましょう。

　どんなに話や説明やプレゼンがうまい人でも、自分の頭の中にあることの100％を相手の頭の中に移管することはできません。それは「人は自分が聞きたいように聞く」ことや、「自分の知識や経験の中で解釈しようとする」こと、そしてそこに感情が入るからです。

　友だちとの雑談と違って、ビジネス上のコミュニケーションには必ず「目的」があります。

　たとえば、仕事の指示だったり、アドバイスだったり、叱咤だったり。あるいは、顧客に対してなら、営業（提案）だったり、交渉だったり、条件のすり合わせだったり。

　すべてに共通するのは、**ビジネス上のコミュニケーションのゴールは、自分の思い描いていることや考えていることを、いかに正確に、そして高い解像度で相手に伝え、そのうえで相手が自律的に行動を起こしてくれること**です。

　ちなみに、当たり前ですが、「伝えた」のに「伝わっていない」のは、ほとんどの場合、伝え手側に責任があります。

　たまに「相手に聞く気がない」「相手の頭が悪い」と相手をバカにする人もいますが、いずれにせよ「伝わっていない」「動いてくれない」のだから、どんなに自己正当化をしても結果は何も変わりません。伝え手側の負けです。

　僕が「わかるの5段階」と呼んでいるものがあります。

　たとえば、事業が絶好調で、100人の会社に毎月10人の新入社員が入って来るとしましょう。次から次へと新しい社員が入って来るため、昔からいた社員たちはただでさえ忙しい自分の仕事をこなしながら、新人の受け入れや教育でてんてこ舞いの状況です。

　社長：「わが社の事業が絶好調だ！　業容を拡大するため来月から新
　　　　入社員を毎月10人ずつ増やす。受け入れを頼むぞ！」
　社員：「はい」（と返すものの……）
　・社長が話しているのは日本語だから言葉はわかる
　・話の意味もわかる
　・仕事が忙しいから人を増やすということも理解はできる
　・でも現場はそんな簡単には回らねえんだよ！（納得できない）
　・勝手にやってろ！（自律的に動かない）

　これは、理解まではできたけれど、納得できないから自律的行動までつながらない典型的な例でしょう。

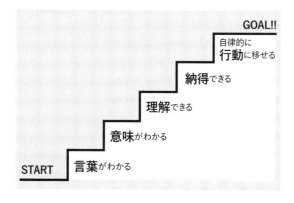

☑ 相手が自律的に動かないのは「納得していない」から

「理解」と「納得」は違います。**いくら話を「頭で理解」してもらえたとしても、「腹の底から納得」していなければ相手は動きません。** たとえ動いたとしても、それは義務や責任感によってのものであり、情熱を持って取り組む仕事にはなり得ないでしょう。

では、理解から納得に移すためにはどうしたらいいのでしょうか。

それは、伝えたい話の前後、つまり、「（前）その話の背景」と、「（後）それが達成されたときの状態」でしっかりサンドイッチしてあげることです。

先ほどの例で社長は「わが社の事業が絶好調だ！　業容を拡大するため来月から新入社員を毎月10人ずつ増やす。受け入れを頼むぞ！」と社員に伝えましたが、前後の話をつけるとはこういうことです。

（前）「昨年行なわれた政府の規制緩和によって市場が前年対比3倍にふくれ上がっている。これは創業時に予想していたことで、今がまさにチャンスのときだ！」

（中）「わが社の事業が絶好調だ！　業容を拡大するため来月から新入社員を毎月10人ずつ増やす。受け入れを頼むぞ！」

（後）「わが社の顧客満足度は90％を超えている。われわれのビジネスが拡大することが顧客や社会の幸福につながるんだ。みんな力を貸してくれ！」

どうでしょうか？

だいぶ印象が違うのではないでしょうか。

このように、話の前後に背景とその結果を付け加えれば理解と納得の溝を越えていける……と僕はつい最近まで思っていました。しかし、コトは簡単に運びません。なぜなら、僕たち人間は、感情を持つ社会的動物だからです。

☑ 「良いか悪いか」と「好きか嫌いか」

　人は、「良いか悪いか」の認知的態度と、「好きか嫌いか」の感情的態度で物事を決めます。

　ビジネスのコミュニケーションだからといって、すべてが合理的に判断されるかと言ったら……そんなことありませんよね。ビジネスは「合理的に行なう」というイメージがありますが、結局仕事をしているのは生身の人間ですから、「好きか嫌いか」（感情的態度）で多くのことが動いている気がします。

　なのに、先ほど紹介した「わかるの5段階」には肝心の感情的態度が要素として入っていません。ですから、きっとこうなります。

　社長：
（前）「昨年行なわれた政府の規制緩和によって市場が前年対比3倍にふくれ上がっている。これは創業時に予想していたことで、今がまさにチャンスのときだ！」
（中）「わが社の事業が絶好調だ！　業容を拡大するため来月から新入社員を毎月10人ずつ増やす。受け入れを頼むぞ！」
（後）「わが社の顧客満足度は90％を超えている。われわれのビジネスが拡大することが顧客や社会の幸福につながるんだ。みんな力を貸してくれ！」

　社員：「ケッ！　きれいごとばかり並べやがって。都合がいいときだけ力を貸してくれだと？　俺、あいつ（社長）大ッ嫌い！」

　うん、成立していませんね（笑）。
　では、どうしたら良いのでしょうか。

☑ 胸（心）の感情フィルター

頭で理解してもらった話を、腹に落として納得してもらうためには、頭と腹の間にある胸（心）の感情フィルターを通過する必要があります。その胸（心）のフィルターこそ、感情的態度、つまり好きか嫌いか（好意を持つか敵意を持つか、好感を持たれるか反感を買うか）なのです。

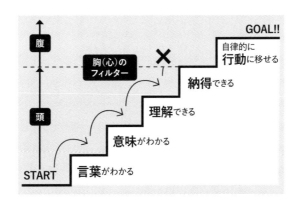

人体図だと「頭→胸→腹」と、上から下なのに、わかるの5段階が下から上だからわかりづらいですね。

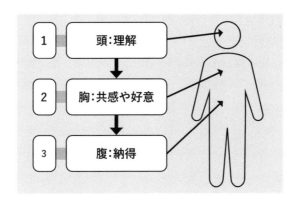

上下を逆転してみましょう。

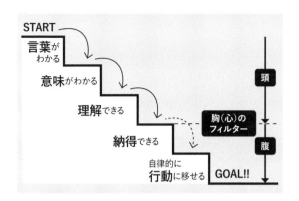

　こちらのほうがわかりやすいですね。

　ビジネス上のコミュニケーションとは、相手の頭からアプローチして、胸（心）のフィルター（好きか嫌いか）を通過してキッチリ腹に落として納得してもらうことがゴールとなります。

　上から下へ。論理とハートです。

　そして、やはりここでもEQの高い「人たらし」は有利です。「あなたの言っていることは100％正しいのでしょう。でも何かあなたはムカつきますね。だからやりません」と言われる人と、「あなたの言っていることは正直よくわかりません。でも面白そうだから一緒にやりたいです」と言われる人。後者のほうが圧倒的に強い。人は合理的な判断だけをする機械ではありません。

　EQが高い人のコミュニケーションはこんな感じです。

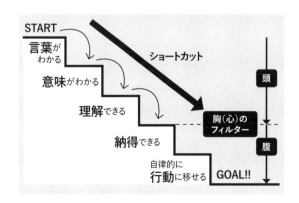

もうフレームとか関係ありません。わかるの5段階も崩壊。

　理解できなくても、頭をすっ飛ばして、胸（心）にキュンキュン、ビンビン響いているから、一気に腹に落ちて納得→GO!!（行動）となります。実際、世の中にはそういう人が大勢いて、今日もどこかで誰かをたらしています。

☑ コミュニケーションは「頭→胸→腹」の順で

　ただし、僕ら一般人がいきなり相手の胸を打ち抜くのは難しいので、丁寧に頭から攻めて、胸の感情フィルターに引っかかることなく、腹に落とすコミュニケーションを心がけたいもの。**論理だけではダメ、好かれるだけでもダメ。**当たり前ですが、強い人は両方持っているということです。

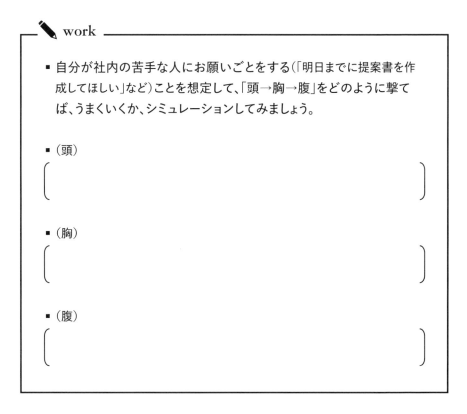

✎ work

- 自分が社内の苦手な人にお願いごとをする（「明日までに提案書を作成してほしい」など）ことを想定して、「頭→胸→腹」をどのように撃てば、うまくいくか、シミュレーションしてみましょう。

- （頭）

- （胸）

- （腹）

指示するときは
「相手の頭に画像を置く」

☑ 常に責任は指示する側にある

　コミュニケーションは「頭→胸→腹」の順で、とご理解いただいたところで、この順番を意識しながら、次は「具体的な伝え方」について解説します。

　多くの仕事はチームで取り組みます。

　チームでやるということは、必ずチーム内で、「上司から部下に指示出し→（部下から上司へ）提出→（上司から部下へ）フィードバック」という業務が発生します（仕事によって、指示の流れが「先輩から後輩」、あるいは「正社員（部下）から協力会社やフリーランスなどの外注先」となることもあります）。

　そのときよく発生するのが、作業者から提出されたアウトプットに対する「う～ん、こうじゃないんだよなあ……」というギャップ。

　これはほとんどの場合、作業者ではなく、指示を出した（依頼をした）側に責任があります。

☑ 横行する指示という名の丸投げ

　指示や依頼とは、「やっておいて」と丸投げすることではありません。相手が、すぐに作業に取りかかることができ、期限通りに、期待するアウトプットが出せるように、明確なアウトプットイメージとやり方を伝えることです。

　僕はこの工程を、「仕事の指示をする」＝「相手の頭の中に"画像"を置きに

行くこと」と言っています。

　たとえば、あなたが部下や後輩に「キャンプの記事を作るから、キャンプ場に行って"いい感じ"の写真を撮ってきて。テントはピルツ型がいいな。あと、オートキャンプだから真ん中におしゃれな車とステキなグッズを置いた感じでよろしく！」と指示を出したらどうでしょう？

　たぶん、相手の頭の中にはこんな画像（アウトプットイメージ）が置かれています。

　このまま撮影に行かせて、写真を提出されると、「いや……こうじゃなくてさ……」となりますよね。

　これは相手の責任でしょうか？

　違います。指示する側が明確な「指示」を出せていないことがすべての元凶です。理想的な指示は（もし上司が下記の仕上がりをイメージしているなら）この解像度で出さなければなりません。

・車は淡いグリーンと白のツートンカラーの前期型ワーゲンバス
・車からストライプのタープをつけて
・車の屋根にはサーフボードがあると良い
・車の周辺にはヴィンテージ系のボックスやランタンを配置
・望遠鏡や（水を入れる）カラフルなジャグがあると良い
・車の角度は真正面や真横ではなく斜めカットで
・真ん中に車、右側にノルディスク製のワンポール（ピルツ）型テントを配置

たぶん、部下の「頭の中」にはこれに近い画像が思い浮かんでいるはずです。

※ちなみに僕のキャンプシーンです

　ここまで「指示」できれば、提出物（アウトプット）が大きくズレることはないでしょう。ラフスケッチがあるとなお良し。これが指示です。

☑ 指示が出せない2つの理由

　では、なぜ多くの人は明確な指示が出せないのでしょうか。
　それは、指示を出す本人が（頭の中に）明確な画像（アウトプットイメージ）を持っていないことと、仮に持っていたとしても伝え方が下手で、相手にちゃんと伝わっていないことの2つが要因です。

　部下、後輩、協力会社など、誰かに**指示をする際には、「自分は明確なアウトプットイメージを持っているのか?」と自問自答してください。**多くの場合、「忙しいし、面倒だから、とりあえず振ってしまおう」「自分もやったことがないし、よくわからないから、とりあえずまかせてしまおう」だったりします。

　指示というのは、「自分でもできるけれど（自分がやったほうが精度も高いし早いけれど、それをやっていると仕事が回らないし部下が育たないので）相手にまかせる」ものであるべきです。自分の頭の中に画像（明確なア

ウトプットイメージ）がないのに、相手に振るのは指示ではなく単なる"丸投げ"です。

そんな「あいまいな指示＝丸投げ」から、あなたより知識や経験の少ない部下や後輩が想定を上回るアウトプットを出してくることはあり得ません。万が一出てきたら部下が相当優秀であり、あなたは不要ということです。

部下や後輩から上がってくる提出物は、あなたの頭の中にある解像度を超えることはほぼありません。彼らの仕事のクオリティに嘆く前に、自身の頭の中を確認してください。

☑ わかりやすく伝えているか？

自分の頭の中にあることを、相手の頭の中に置きに行こうとするとき、どんなに正確かつ詳細な作業指示書を作ろうと、説明がうまい人がいくら丁寧に伝えようと、100％の精度で情報をインストールさせることはできません。
伝える過程で、必ず情報は漏れるし、歪むのです。まずそれを大前提として「伝わる努力」をしなければなりません。

あなたが頭の中に完璧なアウトプットイメージを持っていて、それを伝達効率100％で相手の頭にインストールすることができる状態がこれです。

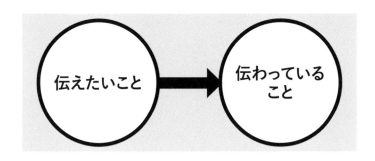

でも、この状態は実現できません。必ず伝える過程で情報は劣化します。なので、どんなに完璧に指示を出せたとしてもこうなります。

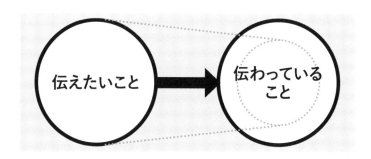

　それを前提に、**何が伝わらないのか（漏れるのか）、どこが歪むのかをできる限り想像して伝え方に工夫を凝らす必要があります。**
　仮にあなたの頭の中に完璧なアウトプットイメージ（画像）がある場合であってもこうなるのですから、もしあなたに明確な画像がないとこうなります。

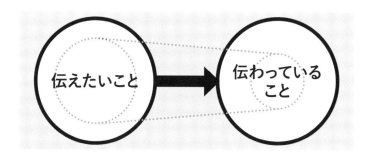

　これが、多くの現場で「（依頼者）何だよ……こうじゃないんだよなあ」「（作業者）だったらもっと細かく作業指示を出してくれよ……あんなあいまいな指示でわかるわけない……説明もわかりにくいし……」という悲劇の要因です。

☑ リモートワークだからこそ可能な限り明確な指示を

対面であれば多少雑な指示でも（頭の中に明確なアウトプットイメージがなくても）伝え方でごまかすことができます。

でも、リモートワークになると、対面でのコミュニケーションよりも伝達効率が落ちるので、よりいっそう気をつけて指示を出してあげる必要があります。

✎ work

- これまで自分がほかの人に指示したり、依頼した仕事でうまくいったケース、うまくいかなかったケースを思い出してください。

- うまくいったとき、うまくいかなかったときは、それぞれどのように指示、依頼をしましたか?

- 相手に確実に伝えるために、これから気をつけるべきことは何だと思いますか?

☑ 指示を出される側の心得

　もし、あなたが普段、指示を出される側であったとしても、指示を出す側がこういう状態ですから、遠慮している場合ではありません。「このまま作業を進めるのは危険だな」と感じたら、躊躇（ちゅうちょ）なく「すみません、ちょっとよくわかりませんでした」「もうちょっと細かい指示出しがほしいです」と伝えましょう。

　ただし「もっと細かく」「詳細な指示を！」と「ちょうだい」ばかりしていると「くれない族」になり、上司や先輩から「こいつ、面倒くさいな」という烙印（らくいん）を押されてしまうリスクがありますので、「私は○○という理解をしましたが、間違いないですか？」と自らアウトプットイメージをすり合わせにいく積極性を持ちましょう。

　伝達効率を最大化させるためのコツは、伝達の過程で情報が劣化していることを前提として、双方がすり合わせる努力をいとわないことです。

✎ work

- これまで指示されてうまくできたケース、うまくできなかったケースを思い出してみてください。

- なぜうまくできたのか？　なぜうまくできなかったのか？　それぞれ原因を考えてみましょう。

- 今後仕事をまかされたら、どのように対応しようと思いますか？

第8章

自分を育てるセルフ働き方改革③

会社からの評価を
どう受け止めればいいのか?

評価への向き合い方

☑ 完璧な人事評価制度は存在しない

　皆さんも、毎年、年度末に（年初に立てた）目標管理シートに沿って
上司との評価面談を行なっていると思います。

　人事考課（評価）というものはすごく悩ましい会社経営における永遠
の課題で、現場で評価への不満が鬱積すると組織内に不穏な空気が流れ
出し、組織はじわじわ崩壊へ向かってしまいます。評価されるほうも、「ま
あ納得しているよ」という人から「ぜんぜん納得できない！」という人
までさまざまでしょう。

☑ 人は2〜3割増しで自己評価をするもの

　これは有名な話ですね。

　僕も、若い頃は特にそうでしたが、上長や会社からの評価よりも、自
己評価のほうが2〜3割（ときにはもっと）高い時代がありました。「俺は
こんなにやっているのに、あいつ（上長）も会社も何もわかってない！
辞めてやる！」という状態です。

　でも、この法則は、かなり多くの人に当てはまるものなので、評価さ
れる側はこの「不都合な真実」をちゃんと自覚したほうが良いと思います。
　**自分で会社を作って経営者にならない限り、会社員は一生、誰かに評価されつ
づける宿命にあります。**そのたびに、「あいつはわかってない！」と思いつ
づけることは健全ではありません。

　この章では、企業に属する人間として避けては通れない評価との付き
合い方について解説します。

☑ 透明性の限界

　ほとんどの会社では、人事評価は最も秘匿性の高いものであり、（居酒屋でのうわさ話は別として）誰がいくらもらっているという情報は非開示です。

　「それがいけないんだ！」「やましいことがないなら開示すべき！」という風潮が強くなった時期に、「当社は誰がいくらもらっているのかを全社員が見られる」とガラス張りにした会社がありましたが、その後、そのやり方が成功しているという話も聞かないし、他社が追随する動きもありません。

　理由は、全社員の給与を開示することのメリットよりもデメリットのほうが大きいからでしょう。

　透明性を高めることは大切です。でも、全員の給与まで開示することがベストなのかと問われれば、僕はそうは思いません。プロセス（評価方法）の透明化は大切ですが、結果（給与金額）の透明化（開示）はデメリットしかないとすら思います。

　理由は、**隣の部署で働くAさんが創出している価値を、違う部署で働くBさんが正しく推し量ることは不可能**だからです。

　Aさんがどのくらいの難易度の課題に向き合っていて、どのような創意工夫と努力で成果を出しているのか（出していないのか）。その背景情報や事実を知らないで給与だけ見ても「こんなに高い給与をもらっててけしからん！」としかなりません。その人の給与が適正なのかどうかを判断することができない人に、金額だけを見せても正しく解釈することはできないのです。

　では、すべての社員が全員の給与が適正なのかを判断する情報を提供すれば解決するのか？

　そんなことは不可能です。かくして、このやり方は「あいつは高すぎる！」「私は低すぎる！」という幼稚な議論（グチ）しか産まないため、「百

害あって一利なし」なのでしょう。

☑ 定量評価は定性評価の定量版

評価の透明性・妥当性・納得性において、「定性評価」ではなく、恣意的な操作がしにくい「定量評価」の比重を高めるべし、という声があります。

それはそうなのですが、これにも2つの難しさがあります。

まず、機械的な定量評価がしにくい職務の人をどうするか？

営業職なら獲得売上が出ますから、否応なく客観的な定量評価が可能です。でも経理職はどうでしょうか？

「1時間でどのくらいの請求書をさばいたか」などの定量化はあまり意味がありませんよね。すべての職務で定量化ができるわけではないのです。

次が、**「定量評価も結局は定性評価である」**という事実です。

「期初に立てた目標を何％達成することができたか」などの評価はある程度機械的に定量化可能ですが、全社貢献活動や部下や後輩の育成貢献などはどうしても5段階評価や点数化をしなければなりません。

では、5段階評価や点数化は誰がどのように行なうのでしょうか？

さまざまなファクト情報を見ながらではあるものの、結局、人（上長）の主観的判断によって5点から1点の範囲で決まるのです。この世に、個人の主観が入らない100％客観的な定量評価というものは、まったくのゼロではありませんが、極めて少ないのが実情なのです。

☑ 評価を細分化するほど不満度は上昇する

戦後の日本的経営システムは、終身雇用制、年功序列、企業別労働組合の三種の神器から構成されていました。その日本企業の成長を支えてきたのが、独特な賃金体系を含む日本型人事システムです。

多くの企業は、基本給のほかに、職能資格制度による職能給と、職務給、

各種手当などの合算による複合的な賃金システムを開発・採用しました。

　しかし、評価システムを細かくすればするほど、不公平感や納得のしにくさが増してしまったのです。
「あなたは職能ランクD5からS2に上がります」と評価されても、今度は「なぜS3ではなくS2なのか？」とか、「あの人の職務給は〇〇円なのに、なぜ私の仕事の職務給は△△円なのか？　こちらの仕事（職務）のほうが大変なはずなのに！」など、**何をどうやっても結局不満は絶えないのです。**
　システムを複雑にすればするほど、出て来る不満も細分化され、結果、「もう面倒だからシンプルにしよう！」となるのは自明な流れなのです。

☑ 個人成果主義人事はほとんどの人を幸せにしない

「だったら完全成果主義人事にすればいいのではないか。それが最も差別がなく、客観的だ」となるかもしれませんが、これがまたそうとも言えません。
　そもそも成果主義人事システムは、年功序列と職能資格制度によって肥大化してしまった人件費を（企業の都合の良いように）抑制することが目的で導入が進んだものです。

「がんばった人に多くの報酬を」という思想も当然ありますが、目的が人件費総額の抑制と低減なので、会社全体の給与総額は減るのです。つまり、成果主義人事により、給与が増える人よりも減る人が増えたのです。成果主義人事は、必ずしも働く側に寄り添った人事システムではないと知っておいてください。

　そして、働く側にも、良いことばかりではありません。
　僕は創業前に5つの会社で働きました。その中で、個人の成果主義を最も徹底していた会社では、給与は個人の利益目標、部署の利益目標、会社の利益目標達成率の3階建てで評価をしていました。
　一見、合理的に感じますが、個人の力で部署の数値や全社の数値を劇的に押し上げることは難しいため、どうしても個人の働き方は個人目標

の達成に偏ります。会社のお財布（昇給や賞与の原資）は1つなので、個人の評価（給与や賞与）も「誰かの取り分が増えれば、誰かの取り分が減る」という相対的なものにならざるを得ません。

　すると……、もうわかりますよね。
　自分の相対評価を上げるために、他者（同僚や後輩）への情報提供やナレッジ共有をしなくなるのです。底上げがされればされるほど、自己の相対評価は下がってしまう——典型的な「囚人のジレンマ」です。
　かくして、社内には「自分さえ良ければ良い」「自分の目標が達成したから仕事は終わり」「誰かが困っていても助けない」という個人至上主義的な企業文化が形成されていってしまうのです。

　努力をして成果を出した人間を昇給・昇格させる。それは誰も否定しませんし、当社でもそうしています。しかし、「**過度な個人の成果主義人事は、結局誰も幸せにしない**」と僕個人は強く思っています。

☑ インセンティブの弊害

　ここで少し脇道にそれます。
　インセンティブ制度というものがあります。これも、メリットよりもデメリットのほうが大きいと思っています。ちょっと難しいかもしれませんが、インセンティブには「金銭的インセンティブの情報的意味」と、「金銭的インセンティブの統制的意味」の2つがあります。

「金銭的インセンティブの情報的意味」は、プロスポーツ選手のように、「努力して成果を残せば、次年度の年俸が上がる」というものです。これはあくまで個人の高い自律性によって自らの努力や成果を上げる場合に効果を発揮します。
　一方の「金銭的インセンティブの統制的意味」は、「あまりやりたくないことかもしれないけれど、これをやったら○○円あげるから、がんばれ！」というものです。
　情報的意味は内発的動機によるもの、統制的意味は外発的で強制的な

動機づけです。

「1件売ったら〇〇円！」というインセンティブ給は、統制的意味合いが強く、健全ではありません。健全でないものはどこかで歪みが生じて長続きしません。インセンティブは、あくまで情報的意味の領域において活用すべきであり、短期的な成果を上げるために安易に採用すべきではないと思っています。

☑ その「成果」は誰のもの?

話を戻します。

人事評価のためには、「個人の成果」を測定しなければなりません。

が、実はこれが一番難しいのです。

個人商店の集まりのような営業会社なら話がわかりやすいですが、大半の会社はチーム単位で仕事を進めます。しかも、当社のような業態だと、チームは、プロデューサー（営業）、プロジェクトマネージャー、コンサルタント、プランナー、ディレクター、リサーチャー、運用担当、広告担当など、異なるスペシャリストの集合体で構成され、各人が自分の持ち場で力を発揮します。

となると、この案件が受注できたのは、または実行段階で大きな成果を上げることができたのは、誰か1人の成果ではなく、チーム全員の成果と考えるのが妥当です。そもそも、1人でできる仕事などほとんどありませんから、多くの仕事はチームで取り組みます。これが「個人の成果」を測りづらくする要因の1つ目です。

もう1つが、所属部署や所属チームの違いです。

たとえば、引く手あまたで営業しなくてもガバガバ売れるサービスを提供するＡ事業部と、だいぶコモディティ化が進み、営業努力が必要なＢ事業部があった場合、どう考えてもＡ事業部に配属されている社員のほうが成果を上げやすいですよね。でも、それはその個人の努力によ

る成果ではなく、単に所属している部署が提供するサービスが売れ筋だからというだけです。

　新規サービスの立ち上げも同様です。
　近年ではベンチャーやスタートアップだけでなく、大企業も数多くの新規事業や新規サービスを立ち上げます。新規なので、当然、成果が出るかどうかはやってみなければわかりません。
　もし、成果主義人事を徹底していたら、誰も結果が出るかどうかわからない新規事業や新規サービスの担当はやりたがらないですよね。売れ筋サービスを扱う事業部にいたほうが安心です。

　このように、人事評価のためには「個人の成果」をできる限り正しく測ることが必要ですが、その**成果が個人の努力によるものなのか、外的な要因によって得られたもの（得られなかったもの）なのかを正確に測って評価をすることには限界がある**わけです。

☑ 評価のゴールは「納得感」

　ということで、社会人経験28年、会社経営を16年やってきた僕の現時点でのファイナルアンサーは、「良いときはみんなで喜ぶ、ダメだったときはみんなで反省する」という極めて集団主義的な評価思想です。

　もちろん、個人の成果はちゃんと評価します。学歴、年齢、性別、職歴、社歴にかかわらず、ちゃんと努力し、成果を出した個人には抜擢人事をするし、昇給させます。でも、その成果とは、あくまでチーム、組織、全社に対してポジティブフィードバックを与えたか、会社のパーパスを具現化する成果を上げたかどうかであり、単に個人の目標達成率○％というものだけではありません。

　そして、全社の年間予算目標を達成したときの賞与の分配も、部署間やチーム間の傾斜はほとんどつけません。理由は、先に述べた通り、部署間による事業ポートフォリオ（売りやすさ、売りにくさ、既存サービス、

新規サービス）に違いがあるからです。これも、**「良いときはみんなで喜ぶ、ダメなときはみんなで反省する」**という思想によるものです。

☑ 結局は「どんな会社を作りたいか?」に戻る

「組織は戦略に従う」というアンゾフ（アメリカの経営学者）の有名な言葉があります。

　これと同様に、「評価思想は経営方針や作りたい企業文化に従う」のだと思います。だから、この世に「（唯一無二の）最高の人事システム」は存在せず、何十年経っても、古今東西、侃々諤々（かんかんがくがく）の議論が続いているのでしょう。

　結局、人事評価システムは、「どんな行動や成果を称賛するのか?」という各社のコアバリューを写し出す鏡のようなものであり、「誰をバスに乗せるのか?／誰に降りてもらうのか?」という問いへの答えでもあるのです。

☑ 全員が100%納得できる評価制度の設計は不可能

　唯一無二の最高の人事評価システムが存在しないのであれば、すべての人が心の底から納得できる評価システムを構築することは不可能であるということです。であるならば、できないことに延々と悩みつづけるのではなく、そこを出発点として、1人でも多くの社員が「納得感」を得られる努力をしたほうが生産的です。

　そして、その努力とは、緻密な人事評価システムを作り上げることではなく、「うちの会社はこういう思想だからこういう評価をするよ」ということをしっかり伝えていくインターナルコミュニケーションをがんばること。そもそもその思想を是とする人にバスに乗ってもらう（入社してもらう）ことを徹底するしかないと思うのです。

　あなたは、どんな評価思想の会社で働きたいですか?

ここに書いてきたことは正解ではありません。

100の会社があれば、100人の経営者がいて、100通りの思想があります。

思想がコアバリュー（組織共通の価値観）を生み、それが評価システムと連動します。評価の妥当性や納得感もとても大切ですが、そもそもその根底にある思想に共感ができているのか？　もし、そこに大きな、埋めがたいギャップがあるのであれば、それは評価システムの問題ではなく、今いる会社そのものと合っていない可能性もあるということです。

何だかんだ言って、今いる会社を信頼しているか、今いる会社が好きかどうか。結局、最後はそこなのかな、と思うのです。

☑ 「評価の妥当性」は社内ではなく社外の人と比較せよ

皆さんは、「自分はこんなにがんばっているのに、何であいつのほうが給料が高いんだ！」「あの人マジで使えないのに、何で自分より役職が上なんだ！」などと思ったことはありませんか？

かく言う僕も、20代の頃に会社勤めをしているときはそうでした。それなりに自信があったほうなので、常に社内の誰かと相対比較をして、「なぜ？　なぜ？」を繰り返し、ダークサイドに堕ちていました。

でも、今になって思うと、社内での相対比較って、1ミクロンも意味がないんですよね。なぜなら、その相手の給料や評価が高かろうが低かろうが、自分の人生や給料には1ナノメートルも関係がないからです。

仮に、自分のほうが「上」だと考えているのに、「その人」の給料が自分よりも高いことがわかったとしましょう。それを上司に直談判して、「その人」の月給が3万円下がったら、自分の給料が3万円上がるのでしょうか。

上がりません（もし上がる会社なら逆に危ないです）。

結局、**社内での評価を上げるのも、給料を上げるのも、やりたい仕事をゲットするのも、クライアントから感謝されるのも、世の中を変えるような大きな仕事をするのも、すべて自分次第**なのです。

☑ 「社内のあいつ」のことは気にしない

　あなたの評価や給料は、誰かがあなたよりもがんばったから上がらないのではなく、あなたががんばらなかった、もしくは成果を出せなかったから上がらないだけなのです。「あいつ」は関係ありません。

　仮に中途で入ってきた人が自分よりも給料が高かったとしても（それを知ってしまったとしても）、それはその人の過去の人生の蓄積が今の（点としての）評価を得ているだけのこと。「その人」とあなたはまったく違う時期、場所で生まれ、違う学歴を積み、違う会社で違う仕事の経験を積み、それぞれの評価を蓄積してきたにすぎません。

　今この瞬間の「点」だけを見て、「ああだこうだ」と言うのは筋が違います。「その人」とあなたは別の人間です。そしてキャリアや評価は、もっと長い視点としての「線」で見るべきです。
　給料だけを切り取るなら、生涯所得がすべてです。「その人」とあなたの今月の給料がいくらで、差額がどうだなんて、たいした問題ではありません。
　あなたが、一生涯で、誰からどのような評価を得て、結果としていくら稼げるのか。その金額に、「その人に対する評価」は1ピコメートルも関係がない。
「自分の仕事」に集中しましょう。

☑ 短期的な損得ではなく人生の生涯所得で考える

　評価は重要です。
　なぜなら、会社や他者から見て、自分ができているのか、できていないのかを客観的に把握することができる貴重な機会だからです。しかし、多くの人はその評価に不満を抱いてしまう。人によっては、健全な状態に返って来れないほど、ダークサイドに堕ちてしまう。とてももったいないことです。

今まで多くの人を見てきましたが、生涯所得が大きくなっている人は、ほぼ例外なく（評価に不満は持ったとしても）過度に憤らない、根に持たない、グチグチ言わないという共通項があります。

自信があるので、「いつか必ず評価される」という確信があるのでしょう。そのため、会社や上司との関係が修復不能なほど悪くはならず、仮に転職する際、リファレンスチェック（前職での働きぶりがどうだったのか、内定を出す前などに前職の会社へヒアリングを行なうこと）が入っても良好な回答が得られています。

生涯所得を最大にすることが「1つのゴール」ならば、今期評価の結果は単なる手段です。その**手段（評価の結果）にこだわりすぎ、ネガティブなオーラを出していると、昇給のチャンスが逃げていく**というパラドックスが発生するのです。評価にこだわりすぎる人は、注意してください。

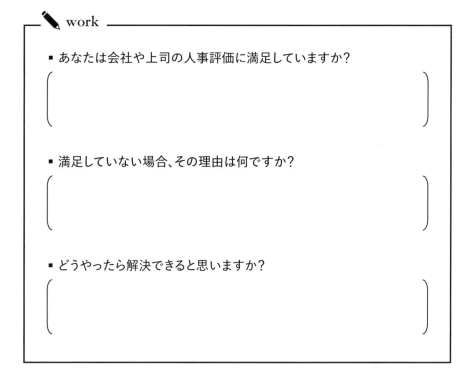

work

▪ あなたは会社や上司の人事評価に満足していますか？

▪ 満足していない場合、その理由は何ですか？

▪ どうやったら解決できると思いますか？

辛いときの対処法

☑ ダークサイドに堕ちるな

　評価についてお話ししましたが、評価の結果だけでなく、仕事をしていれば辛いことは少なからず発生します。でも、決してダークサイドには堕ちないでください。

　会社や上司にネガティブな感情を抱いている人は、特有の臭いを発します。その臭いは、同様の臭いを発している人を近づけ、群れていきます。
　仕事中に会社や上司の悪口をチャットしたり、飲みに行っては噂話やグチで盛り上がる。社内を見渡して「気配」がありそうな人を見つけては「自分たちのグループ」に入れるべく勧誘活動も活発に行ないます。

　でも、**このグループに入ったら、一巻の終わりです。**
　会社や上司の目は節穴ではありません。誰がそんな人に重要な仕事をまかせるでしょうか。誰がそんな人を昇進・昇格・昇給させるでしょうか。
　かくして、ダークサイドに堕ちた人たちは徐々に居心地が悪くなり、早晩その会社を去ることになります。しかし問題はここからです。
　会社や上司の悪口を言っていたダークサイドに堕ちた人たちは、次の会社で健全に活躍すると思いますか。そうです。多くの人は、また同じことを繰り返してしまうのです。
　ダークサイドに堕ちるのは、会社や上司のせいもあるのでしょうが、大半は「その人の思考」に問題があるのです。

☑ 不満は「自分が変わる」か「自分で動く」か「辞めるか」でしか解消しない

「人は変えられない。だから自分が変わるしかない」という言葉があります。

　会社や上司に不満があるとき、取れる手段は3つしかありません。「自分が変わる」か、「自分で（改善のために）動く」か、「辞めるか」です。これしかないのです。

「自分は変わるつもりはない（自分に非はない）」——現状を改善するために自分が動くほどこの会社に価値があるとは思えないのであれば、ダークサイドに堕ちるまでもなく、辞めれば良いのです。あなたが優秀であれば、この売り手市場の環境下、行き先はたくさんあるでしょう。

「会社や仲間は好きだから辞めたいわけではない」のであれば、自分が変わるか、改善のために行動するしかありません。くどいですが、それ以外はないのです。

　不満を持っているときは、「悩んでいるとき」と似ています。「悩むな、考えろ」という言葉がありますが、人は悩んでいるとき、「悩むために悩む」ループにとらわれがちです。「考えることなく、思考停止の状態で、悩みつづける」——これでは悩みはいつまでも解消することはありません。

　不満も同様です。「あれが気に食わない」「これがムカつく」と頭の中が「モヤモヤした不満でいっぱいのとき」は思考が停止していて、不満のための不満がループしてしまっています。

　そうではなく、**「何が不満なのか？」「なぜ不満なのか？」「では、どうするか？」**と考えるのです。すると、先ほど紹介した3つしか、不満を解消する方法がないことに気づきます。

　不満がある人は、「考えて」みましょう。

☑ 逃げるように辞めるな!

　本章の最後に。

　辛くて、会社を辞める場合は、逃げるように辞めないでください。

　ブラックな会社、ハラスメントに苦しめられた会社の場合は別です。一刻も早く逃げてください。しかし、そうでないのなら、決して逃げるように辞めないでください。その辞め方はクセになります。ゲームのリセットボタンを押すように、イヤなら辞める。しかも、お世話になった人にもろくにあいさつもせず、フェードアウト気味に辞める。これは当人にとってよくありません。

「うちの業界は狭いからさあ……」という言葉がありますが、広い業界などありません。どの業界も、一様に狭いのです。同じ業界なら、いつかまた接触する機会があるかもしれません。

　まったく違う業界に行くとしても、逃げるように辞めた経験は、人生の中で「暗黒の時代」として刻まれてしまいます。「どうせ辞めるんだから、二度と会わないだろうし、別に関係ない」ではありません。

　人生の豊かさや幸福感は、つまるところ「人間関係」や「その思い出」によります。だから、**辛いことがあったとしても、「その会社で働いた時間」を「辛いことが多かったけれど、良い思い出もある」ものとして記憶に刻んだほうが、人生トータルで考えたときに幸福度が上がる**と思うのです。

　辞めるときも、自身と、会社と、しっかり向き合って辞めるようにしてください。がんばってください。

- 「もう、この会社でやってられない!」と思ったことはありますか?

[   ]

- その理由は何ですか?

[   ]

- どのようにしたら解決できると思いますか?

[   ]

第9章

自分を育てるセルフ働き方改革④

最強の自己啓発"読書"に投資しまくれ！

自己啓発をバカにしては
いけない理由

　自己啓発（自己投資）にがんばって取り組んでいると「意識高いですね（笑）」などと揶揄されることがしばしばあります。

　でも、自己啓発はそれほど「バカにされるようなこと」なのでしょうか。

　経営者の立場からすると、スタッフの能力を向上させる方法はOJT（職場内訓練）、Off-JT（集合研修）、自己啓発の3つしかないことを痛感します。

　OJTとOff-JTは会社が環境を用意してあげられますが、自己啓発は完全に個人の裁量や努力に依存します。僕は「なぜ自己啓発が大事なのか？」「自己啓発をするとどんなメリットがあるのか？」という目的やメリットに加え、具体的な取り組み法を伝えつづけるしかありません。

　ただ、実感していることがあります。それは、今まで**「年間100冊の本を読み、noteなどでアウトプットし、実践に活かしているスタッフで成長しなかった人間は1人もいない」**ということです。

　もちろん、人によって成長のスピードは違います。あっという間に成長する人もいれば、半年、1年と水面に出ることができず、長い期間、水中でもがきつづける人もいます。しかし、そういったスタッフも、ひとたび水面から出ると、まるでロケットのように垂直に上昇していきます。

　第2章でも言いましたが、仕事の成果や成長は結果（出力）です。そしてその**結果は、いつだって必ずプロセス（入力）から生まれます。正しいプロセスを踏んでいれば（正しい努力を続けていれば）、成果が出るまでの時間は人によって違うものの、結果に結びつかないはずはないのです。**

　僕の周りの「一流の職業人」や「第一人者」たちは、例外なく勉強家で努力家です。自己啓発をバカにする成功者はいません。ぜひ自信を持って全力で自己啓発してください。

投資をせずにリターンを
得られるわけがない

　世の中に「ハイリスク・ハイリターン」「ローリスク・ローリターン」はありますが、「ローリスク・ハイリターン」のような虫のいい話は存在しません。もしあったら、それはほぼ確実に「怪しい話」です。

　リターンの大きさは投下した投資の量に比例します。
　ここで言う「投資」の原資は、時間とお金です。あなたは、1日に、1カ月に、1年に、どのくらい「自分という木」に水をあげていますか？水をあげなければ、太陽に当ててあげなければ、雑草を抜いてあげなければ、自分という木は育ちません。自然に、勝手に育つなんてことはないのです。

　あなたが持つスキルは「資産」です。資産ということは、今年だけでなく、来年も、再来年も「使える」ということです。その代わり、使っているだけでは資産は「目減り」していきます。だからこそ、継続的に投資をし、資産を増やさなければなりません。

　繰り返しますが、投資の原資は時間とお金です。
　時間はすべての人に平等ですが、持っている（投資に使える）お金は不平等です。そして、その前提の中で、あなた以外の人もみんな資産を増やそうと努力をしています。**ビジネスという戦いの勝敗は、相対的なスキル資産の差によって決まります。意識的・計画的に行動しないと、あなたの資産は減る一方です。**
　時間とお金を投資してください。

この世で最もリターンが 大きい投資先は「自分自身」

「未来への投資」として、株式や投資信託に取り組む人がいます。

それ自体は決して悪いことだと思いませんが、僕個人は「この世で最も投資リターンが大きい投資先は"自分自身"なのになあ……、若いのにもったいないなあ……」と思ってしまいます。

たとえば、「将来が不安だから、毎月3万円を貯金する」としましょう。

1年で36万円、10年で360万円。銀行に預ければ（ゼロ金利なので）10年後もほぼ360万円のまま。投資信託を活用し、年3％の複利で運用すれば、10年で1.16倍の419.2万円になります。10年で「360万円の貯蓄」と「59.2万円の儲け」です。

一方、毎月3万円分の本を読み、仕事に活かすことで年に3％の昇給をしたらどうでしょうか。仮に年収400万円からスタートし、それ以外の昇給がないとしたら、年収は次のように推移します。

1年目：412万円（＋12万円／前年比12万円）
2年目：424万円（＋24万円／前年比12万円）
3年目：437万円（＋37万円／前年比13万円）
4年目：450万円（＋50万円／前年比13万円）
5年目：464万円（＋64万円／前年比14万円）
6年目：478万円（＋78万円／前年比14万円）
7年目：492万円（＋92万円／前年比14万円）
8年目：507万円（＋107万円／前年比15万円）
9年目：522万円（＋122万円／前年比15万円）
10年目：538万円（＋138万円／前年比16万円）

※小数点以下四捨五入

昇給した10年間ののべ（合算）金額は724万円です。投資信託をしていた人の同じ条件下での年収は、10年後も400万円のままですが、こちらの場合は10年間で360万円の自己啓発費を投じ、724万円のリターンを得た（生涯所得を上げた）計算です（投資収益率は2倍）。

　ここで最も重要な論点は2つあります。
　1つ目は、この10年で得たリターンは「お給料」としての「お金」だけでなく、そのお給料を生み出す知識習得とそこから生まれる職務遂行能力を「資産」として形成している点（一方、貯めたお金は単なる「貯金」です）。
　2つ目は、投資信託と同様、知識や職務遂行能力も複利で効くことです。複利とは利子に利子がつくことです。数値を見ると、前年比の上がり幅が少しずつ増えていることがわかりますね。新たに加わった知識やそれに関連する経験に利子がつき、その利子にまた利子がつくのです。これが複利の効果です。自己啓発をはじめる時期として「遅すぎる」ことはありませんが、この「複利が効くこと」が、自己啓発は若いうちからはじめたほうが「有利」と言われるゆえんです。

　また、ここでは控えめな数値を入れましたが、僕のイメージは「年に50万円を自己啓発に投資し、年に50万円以上の昇給をさせていく」くらいのスピード感を想定しています。そうすれば、生涯所得は一般の人の1.5〜2倍にはなるでしょう。2000万円の貯金をしようとするのではなく、生涯所得を1億円（以上）上げるイメージです。
　投資信託は、選択する商品にもよりますが、比較的安全なものだと、得られるリターンは年率3％程度です。しかも、その数値はあなたの力ではコントロールすることのできない環境要因によって上下動します。
　一方、**自分自身という投資先は、年率10％や20％の運用利益を得ることだって決して不可能ではありません。しかも、その運用効果は、ほぼ自分の行動によって決まります。**どちらのほうが納得度が高く、かつ人生100年時代においてリスクが低く、リターンが大きいでしょうか。また、仕事が楽しく、人生の幸福度が上がるでしょうか。
　この世で最もリターンが大きい投資先は自分自身なのです。

自己啓発費をケチったら終わり

　では、読書などの自己啓発に使う費用は、どれくらいが適切なのでしょうか？　目安などありませんから、生活が持続可能で、なおかつ使う先が「怪しい情報商材」でなければ、若いうちは限界まで使ってしまって良いと思います。ただし、それではわかりにくいでしょうから、1つの尺度をお伝えします。

　それは、**手取り給与の5分の1（20%）** です。
　手取り額が20万円なら4万円、30万円なら6万円。独身時代なら良いですが、結婚して家庭を持つと、「そんなにはムリ！」となるかもしれません。ただ、あなたが自己啓発に使える可処分所得があなたの投資額であり、リターンは投資に比例するのです。独身／既婚、子どもがいる／いないは、あなたに値付けをする市場には関係ありません。「では、どうするか？」と考えてください。

　僕の持つ投資リターンのイメージは、20代のうちから月に5万円（年に60万円）、50代まで40年続けて総額2400万円を自己啓発投資し、生涯所得を1.5倍（3億円→4.5億円）にするプランです（投資リターンは6倍です）。

　ちなみに、会社員の生涯所得は、1993年の3.24億円をピークに下がりつづけ、2017年では男性が2.89億円、女性が2.46億円と推計されています。わずか24年で生涯所得が3000〜4000万円も減っており、このダウントレンドは今後も続く可能性が高いことは知っておいてください。

　国や金融機関はNISAの推進に躍起ですが、それだけで人生や老後を十分なものにするのはかなり難しいのではないでしょうか。「**自分の人生の豊かさや安心は自分で何とかするしかない**」と僕は考えています。

HATARAKIKATA

年間100万円分の本を読め

☑ コスパ最強の自己投資は読書!

では、何に投資をすれば良いのか?

ずばり本です。

1に読書、2に読書、3、4も読書、5も読書です。**本ほど効率的に知を学ぶ方法は、この世にありません。**そして、読書よりもコストパフォーマンスが高い方法もありません。たった2000円前後で、先人が積み重ねた知識、知恵、経験を極限まで抽象化し、最高レベルで整理整頓してくれている情報パッケージはこの世に存在しません(この世に絶対はありませんが、これも絶対です)。

だから、とにかく徹底的に本を読む。Twitterで良さそうな情報を拾っても、Googleで検索しても、noteの記事を何本読もうと、ビジネス系YouTuberの動画を観ても、高額セミナーを数本聴講しても、体系的な知は手に入りません。

邪心を捨て、脇目も振らず、本を読みましょう。

☑ 稼ぐ人ほど「たくさん本を読む」という事実

では、どのくらいの冊数を読めば良いのでしょうか?

よくされる質問です。

文化庁の国語に関する世論調査(2018年)によると、日本人の平均年間読書量は12.3冊で、月に1冊も本を読まない人は47%、1〜2冊が34%、3〜4冊が18%、5〜6冊が10%、7冊以上読むと答えた人は4%程度でした。

187

しかも、この読書の大半は小説や趣味に関する本です。

　また、大富豪を含む富裕層と年収300万円以下のビジネスパーソンの読書量を調べた研究データ「Business Management Degree」によれば、富裕層の88％が1日に30分以上の読書をしているのに対し、年収300万円以下の層はたったの2％しか存在していません。

　さらに日本のビジネスパーソンの読書量は、20〜30代の平均が1カ月に0.26冊（4カ月で1冊、年換算で3冊）なのに対し、30代で年収3000万円を稼ぐ層は1カ月9.88冊（年換算で約120冊）と、38倍もの開きがあります。

　以前、こんなツイートを投稿したことがあります。

　すると、「冊数で論じるのはナンセンス」「本読んだだけじゃ思考力は養われない」「こういうこと言う奴に限ってTwitterがない時代に若者時代を過ごした奴だと思ったらやっぱりそうだったw」「その本を書いてる人がたいしたことない説」などの素敵なリプがたくさん届きました。

　Twitterに限らず、「読書が大切」「読書量が重要」という話をすると、「教科書は机上の空論」「本ばかり読んでいたって、結局大切なのはたくさんの人に会うこと」と言われることも少なくありません。

　確かに、そうかもしれません。でも、別にどちらかを選ばなければならないわけではありません。どちらもやれば良いのです。

☑ 大量の読書が「見える世界」を変える

　一般的な書籍には、だいたい10万文字が詰まっています。本を執筆してみるとわかりますが、10万文字の文章を、理路整然と、順序立てて、わかりやすくまとめるためには、膨大な知識、経験、時間を必要とします。

　先人たちが、あっちへぶつかり、こっちへぶつかり身につけた「生きた知恵」を、たったの2000円程度で手に入れることができるのです。

　こんなに安い買い物はこの世に存在しないでしょう。

　よく「評判が良いから買ってみたけれど、期待はずれだった」という声を聞きます。でも、本というものは、たったの1行でも琴線に触れることがあれば、それで十分元はとれているのです。その「たったの1行」が、あなたの小さな意識を変え、行動を変え、いずれ人生に影響を与えるのです。

　僕は20代の頃、年間100万円分の本を読んでいました。もちろん自腹です。

　1冊1800円とすると、年間で約500冊。月に40冊購入することになります。これくらいお金を使うとなると、ど真ん中で興味がある領域だけでなく、少し興味があること、若干気になることまで、相当幅広く網羅できます。

　広告・広報・マーケティング業界にいる人なら、マーケティングや広告だけでなく、経営理論、戦略理論、人事・組織理論、営業論、クリエイティブ、リーダーシップ理論、モチベーション理論、人的資源管理、財務・会計、店舗設計、インストア・マーチャンダイジング、社会学、心理学、社会心理学、行動経済学などです。

　しかも1つの領域で10冊以上を同時に併読することになるため、その世界のだいたいのセオリーをつかむことができるようになります。

　とはいえ、激務をこなながら、しかも人一倍遊びながら、月に40冊の本を読むことは現実的には不可能です。だから、精読することを目的と

せず、1冊の本をできる限り高速で吸収することを目的とする読み方になります。

まえがきを読み、著者の略歴を読み、あとがきを読み、目次を熟読する。「この本にはこんなことが書いてあるんだな」と全体を概観したうえで、まずは1回、最後までざーっと目を通す。そこから、気になったところをある程度しっかり読んでいく。

この年間100万円読書を4〜5年続けた結果、何が起こったか。

それは、**見える景色の変化**です。クライアント先で、同じ担当者から、同じ話を聞いても、キャッチできる情報が格段に増加しました。アンテナが大きく、鋭敏になったのです。また、街を歩いていても、以前は見えなかったものが見えてきます。いろいろな背景や思惑が読み取れるようになりました。知らないことは見ていても見えていなかったのです。

それによって、アウトプットの量、質、スピードは何十倍にも上がったと思います。今の自分があるのは、あの頃の圧倒的なインプットのおかげです。

だから悪いことは言いません。皆さん、本を読みましょう。手取り給料の5分の1は無理でも、せめて10分の1は本の購入代にあてましょう。

しかも、**読書の効果も複利で効きます。**

1の365乗は1のままですが、1.01の365乗は37.8です。毎日1％賢くなるだけで、1年後には38倍の戦闘力になる。すべての自己啓発と同様にはじめるのに遅すぎることはありませんが、若いうちに読んだほうが圧倒的に有利な理由はここにあります。

圧倒的な量の本を読むことで、空っぽの頭の中に、整理棚ができ、そこに先人たちの叡智が詰め込まれていく快感を感じてください。仕事をしながら、読書で得た知識を少しずつ使っていくと、やがてそれはあなただけの経験と知恵になります。

✎ work

- 昨年の書籍購入費はいくらでしたか？

- 今の手取り額の20％はいくらですか？

- 今年は、自分の仕事に関連する本を何冊読みましたか？

セミナーは本を5冊以上
読んでから参加する

「読書よりもセミナーのほうが好き」と言う人がいます。

最近ではコロナ禍の影響で、大半のセミナーがオンライン開催になったため、格段に「聴講のしやすさ」や「利便性」も向上しています。

なぜセミナーを好きな人がいるのでしょうか。

それは受動的でラクだからです。PCやスマホをネットにつなげて、あとは聞いているだけで良い。一方の読書は、自分で読み、解釈していかなければならない。セミナーのほうが圧倒的にラクなのです。

本書で再三にわたってお話ししてきましたが、「ラクな道」は大きな成果につながりません。**新しいことを「頭に入れる」ためには、一定量のストレスがかかります。自ら考え、解釈するプロセスが必要なのです。**

もう1つ、セミナーの弊害があります。それは、オンライン化の進展によって「ながら視聴」ができるようになったことです。耳だけセミナーを聴講し、目はPC画面で仕事をしている。マルチタスクというやつです。先ほども言いましたが、耳だけで聞きながら頭に入って来る情報量などたかが知れています。「聴く」と「聞く」は違います。「聞く」だけでは他者との差はつかないのです。

「セミナーはダメ、読書が最強」と言いたいわけではありません。要は使い分けなのです。セミナーの利点は「わかりやすさ」で、読書は「まとまった理論や知識の体系的吸収」です。

注意してほしいのは、読書をせずにいきなりセミナーを聴講しても「わかりやすかった！」と「何かを学んだ気」にはなれますが、実務で使えるほどの知識は吸収できないということです。

セミナーは、まずは自分で5〜10冊の本を読んだあとに聴講するようにしましょう。ストレスのかかる読書によって体系的な知識を頭に詰め込み、消化不良を起こしているときにセミナーでそれらの知識を「つなげる」のです。

　これがセミナーの賢い利用法です。

✎ **work**

- 今、興味のあるセミナーはどんなものですか?

- なぜ、それに興味があるのですか?

- そのセミナーに関連する本を5冊選んでみましょう。

本の速読力を上げる5つの方法

☑ 怪しい速読法に引っかかってはいけません

「私、本読むの遅いんですよ〜」と言う人がいます。「もっと速く読めるようになりたい」と「速読」に手を出す人も少なくありません。大量の本を読もうとすると、誰もが自分の読書スピードの遅さに辟易してきます。

「こんなスピードじゃあ全部読みきれない。よし、速読の練習をしよう!」

だいたいこうなります（昔の僕もその1人でした）。

でも、速読法って何だか怪しいと思いませんか？　眼球を素早く動かすとか、カメラのシャッターを押す感覚でページ全体を画像として取り込むとか、無意識に訴えるとか……ということで、悩める読書家の方々に、20代の頃に年間100万円分の本を読んでいた僕が、ファイナルアンサーを授けます。

世の中で「速読術」「速読法」として提唱・販売されている方法論は、すべてウソです。大事なことなのでもう一度言いますよ。

すべてウソです。

今日この時点から、眼球を素早く動かす方法や、カメラのシャッターを押すような読書術は、1億％実現不可能なものとして、人生の選択肢から完全に削除してください。

これらの速読法がやろうとしていることは、「誰でも簡単に月収10万円！」「仮想通貨で資産を倍にする方法」などの情報商材や、「何もしなくても腹筋が割れる！」「聞いているだけで英語がしゃべれるようになる！」といったマユツバ商材と何ら変わりません。

そもそも読んだことのない小説や専門書を、1冊5分や10分で読めるわけないですよね。僕らは、書かれている文章を目から入れ、意味を理解し、頭の中で反芻、咀嚼、解釈していきます。その一連の作業を、1ページ1秒でできるわけがありません。

ちなみに、**2016年にカリフォルニア大学から「速読」は不可能**（ただし、飛ばし読みは有効）**だと科学的に証明されたという論文が出ています。**

ということで、今この瞬間から、「いつか速読法を身につけたい（それさえ身につければ読書スピードが劇的に上がる）」という淡い期待と選択肢は完全に抹消してください。

抹消しましたか。

では、スッキリしたところで、再現可能な速読法を教えます。最初に言っておきますが、読書法に「そんな方法があったんだ！」「これは世紀の大発明だ！」などというものはありません。当たり前のことしか書いてありません。あらかじめご了承ください。

☑ 1.読書前

・読書の目的を決める（この本を読むことで何を得たいのか？　ゴールを設定する。これによってヒントや正解を探すように読むようになる）
・著者略歴を見てどんなバックボーンの人が書いた本なのかを把握する
・「はじめに」を読んで全体感を把握する
・「目次」を読んで全体の流れと論理構成を把握する
・「おわりに」を読んで読後感の想像を広げておく
・最初から最後まで、1ページ2〜3秒くらいでめくりながら、本当にざっくり、全体的に、だいたいどんなことが書いてありそうか、雰囲気をつかむ

ここまでがだいたい10〜15分くらいです。この読書前のひと作業が劇的に読書スピードを上げるポイントです。漠然と1ページ目から読みはじめるのはやめましょう。

☑ 2.読書中

・気になった所に赤線を引く（この際、どこに強く共感したのかがわかりづらい「ふせん貼り」よりも、赤ペンで当該箇所に線を引いたほうが良い）
・感じたことがあれば、そのページの余白に赤ペンでメモをどんどん書き込んでいく

　蛍光ペンも良いですが、それだと余白にメモを書き込む際、別のペンに持ち替えなければならないので、筆記用具は赤ペン1本に絞りましょう。

☑ 3.読書後

・できれば、読了後の感想やメモをnoteなどにまとめていく（言語化しながらアウトプットすることで知識の粗熱が取れ、情報が染み込む）

「公開前提のnoteはハードルが高い！」という人は、非公開のEvernoteでもOKです。

　いかがですか。すべて普通のことでしょう。世の中なんてそんなものです。甘い言葉には罠がある。基本に忠実に、愚直に読書道を極めるしかありません。

　ポイントは、本をきれいに残そうとしないこと。
　読書の目的は本に書かれている内容をできる限り多く体内に摂取することであって、本をきれいに残すことではありません。だから、琴線に触れたこと、疑問、自分なりの解釈は、どんどん当該ページの余白に書き込んでいきましょう。メモ程度でも、書くことによって記憶への定着度合いも上がります。

「折ったり赤線を引くとメルカリで売れなくなるからイヤだ」と言う方。できる限りきれいに読み、せっせとメルカリで転売することで得られる生涯所得と、ページが擦り切れるまで読み込み、仕事に実践していくことで昇給する絶対額と、どちらのほうが大きいと思いますか。

　数百円、数千円をケチるのではなく、その投資で生涯所得を数千万円、数億円上げる——読書の「投資効果」とはそういうものです。

　さて、最後にもっと読書スピードを上げる方法を教えます。

☑ 4.併読する

　併読、つまり複数冊をあわせ読むことです。

　なぜ併読が効くのでしょうか。

　併読することによって「あっ、この内容はさっきの本にも書いてあったな。きっと普遍的な重要ポイントなのだろう」とか、「ここは5冊とも主張が違うな。著者によって言っていることが違うということは、まだ明確な正解がない部分なんだな」などがわかってきます。

　併読は、客観的な知識を身につけるうえでも重要ですが、何よりも、同じテーマの本を一気に5冊くらい読むと、だいたい同じことを言っているパートが察知できるようになり、飛ばし読み、斜め読みができるようになります。併読することによって、飛ばしても良い（流して読んでも良い）場所の土地勘が身につくことによって、読書スピードが格段に速くなるのです。

☑ 併読における読む順番

　併読は読む順番が大切です。

　最初に分厚い理論書から入ってしまうと、全体感をつかむ前に挫折する可能性が高いのでおすすめできません。**まず大事なのは、自分が何を学ぶべきなのかの「全体感」を把握することです。**

僕の場合は、だいたいこういう順番で臨みます。

第一段階：新書や入門書を3冊読み、全体感をざっくり把握（←大事）
第二段階：アカデミックな理論書を3冊読み、正確かつ構造的な知識
　　　　　　を吸収
第三段階：当該テーマの近著を4冊読み、最新知識を吸収

これで計10冊。

1冊ではダメです。3冊でもダメです。できれば10冊を一気に読みましょう。何をどう読んだらいいかわからない人は、ダマされたと思ってこの順番で読んでみてください。

理論書から入らない。流行りの本から入らない。まずは複数の新書や入門書を読んで、「学ぶことはだいたいここからこのへんまでなんだな」という土地勘を手に入れたうえで、理論書にアタックしましょう。新書でなくても、「マンガでわかる〜」でもかまいません。要はざっと概観を把握することが大切です。

理論書は、さまざまな「具体」を濃縮果汁還元して、超高度に抽象化（汎用化）してくれているので、しっかりした（正確な）知の構造を手に入れることができます。構造的な知は、再現可能性を高めます。

決して、わかりやすい事例の学習から入ってはいけません。 成功事例は、特定の企業や商品やサービスが、特定の時期に、特定の競合と、特定の条件で戦い、勝った「結果」でしかありませんから、再現可能性はほぼありません。

事例は危ない媚薬です。学んだ気、わかった気になれてしまうことが一番怖いのです。事例だけを学んでいる人は、結局、事例の焼き直ししかできません。

なので、「**全体感把握→理論書で構造理解→最新の本**」という順番で読み進めることが最もリスクがなく、効率的なのです。そして、くどいですが、10冊の併読です。2000円の本でも10冊でたったの2万円。セミナー1回分です。コスパ最強です。

☑ 5.圧倒的な読書量をこなす

　たとえば、マーケティングの本を5〜10冊併読したあとに、社会学、社会心理学、行動経済学など周辺領域の本をそれぞれ5冊ずつ読んでいくと、「あ、ここで言ってる〇〇は、この前読んだ△△の□□とつながっているんだな」と、知識が横につながりはじめます。散在していた点が線になる瞬間です（最高に気持ちいい瞬間です）。

　こうなると、さらに読書スピードが速く、かつ深くなります。また、目や体（頭）が活字慣れしていくので、本の読み方そのものがうまくなっているはずです。

✏ work

- 今自分が学ぼうとしている分野の本を10冊挙げてみましょう。

01.入門書（新書、マンガでわかる）

[　　　　　][　　　　　][　　　　　][　　　　　]

02.理論書

[　　　　　][　　　　　][　　　　　][　　　　　]

03.最近出た本

[　　　　　][　　　　　][　　　　　][　　　　　]

- いつ購入しますか?

[　　　　　　　　　　　　　　　　　　　　　　　]

読むべき本はどのように
選べば良いのか?

☑ 人に「おすすめの本」を聞かない

　まず、上司や先輩に「おすすめの本は何ですか?」と聞かないことです。人におすすめ本を聞いているうちは、身になりません。

　本は「人と人の出会い」のようなものです。上司や部下、同僚、メンター、友人、恋人などで「人生を変えた出会い」を経験した人は少なくないでしょう。

　なぜ「その人」との出会いが人生を変えるほど大きなものになったのか。それは「**タイミング**」が**ドンピシャ**だったからです。どんな「運命的な出会いを果たした人」であっても、まったく違うタイミングで出会っていたら、「運命的な出会い」にならなかった可能性は大きいのです。

　本も同じです。
　あなたが仕事をする中でぶち当たるさまざまな壁の存在が、その壁を乗り越えるために必要な「知識ニーズ」や「情報ニーズ」を形成します。その**「ニーズ」は「あなた」が「今」欲しているもので、隣の人が欲しているものとは違います。**

　にもかかわらず、多くの人は他者に「おすすめ本」を尋ねてしまう。その人の「おすすめ」はその人のタイミングと合致していたからおすすめするくらい良かったのであって、それがあなたにも刺さるかはわかりません(だいたい外れます)。すると、「紹介されて読んだけれどイマイチだった」という感想を持つことになります。これは、紹介者の推奨した本が悪かったのではなく、「今あなたが読むべき本ではなかった」のです。

ビジネスにおける読書は、「楽しむため」ではなく「自身の課題を解決するため」という明確な目的があります。頭が痛ければ頭痛薬を飲む。胃が痛ければ胃薬を飲む。薬は、自身の病気や症状に合ったものを飲みます。本も同じです。自身の課題に合ったものを読む。

だから、人に「おすすめ本」を尋ねるのは悪手なのです。

☑ 大型書店に行く

とはいえ、「読むべき本」は、頭痛や胃痛などのように自身の症状を明確に把握できるほど簡単ではありません。どのようにしたら、自身の症状を知ることができるのでしょうか。

それは、大型書店に行くことです。ネット書店ではダメです。リアル書店、それもできる限り大きな書店に行ってください。

理由は、**大型書店の店頭にさえ行けば、情報が受動的に取得できる**からです。本棚の前に立ち、数十冊、数百冊の表紙・背表紙を見るだけで、あなたの手は必ず無意識に動きだします（何冊かの本を手に取ってパラパラめくりたくなります）。それが「あなたが今読むべき本」なのです。

大型書店であれば、平積みで紹介されている本は大半が評価が高く、「買って損した」類の本はかなり少数です。「読むべき本」がわからない人は、ダマされたと思って大型書店に行ってください。そして、本棚に立ったとき、自分の手がどの本に動くのか。直感にしたがってください。

「大型書店に行く→直感にしたがう→パラパラ読む→買って読む→読んでよかった or 何だかイマイチ……」を繰り返しているうちに、あなたはいつの間にか誰かにおすすめ本を聞くことはなくなっているでしょう。

自分で自分が読むべき本を見つけられるようになったということです。

さて、いつ書店に行きますか？

- 最寄りの大型書店はどこにありますか?

- いつ行きますか?

- 何のジャンルの棚に行きますか?

第10章

自分を育てるセルフ働き方改革⑤

アウトプットで自分を磨け!
自分の価値を上げろ!

成り上がりたければ、note を書け!

☑ noteを書くことのメリット

たまに、「話がすごくわかりやすい人」がいますよね。
なぜ、その人の話はわかりやすいのでしょうか。

あるいは、「仕事がものすごく早い人」がいますよね。
なぜ、その人は仕事が早いのでしょうか。

それは、**頭の中がスッキリ整理整頓されている**からです。
普通の人の頭の中はこんな感じになっています。

　いろいろな知識や情報がたくさん入っていても、整理された状態で収納されていないので、必要なときに必要な工具をすぐに取り出すことができません。

一方、話がわかりやすい人や、仕事が早い人の頭の中はこう。

　どの工具が、どこにあるのかが、一目瞭然です。だから、必要なとき
にすぐに取り出せる。ビジネス界の釜爺（133ページ参照）です。どのよ
うにしたら、頭の中をこんな感じに整理することができるのでしょうか。

　それには、まとまった分量の文章を書くことです。「書くと頭が整理
される」というより、**「頭を整理するためには書くしかない」** のです。
　Twitterは面白いですよね。手軽だし、主語や述語はいらないし、起
承転結もストーリーテリングも不要。でも、だからこそ、どんなに
Twitterをやっても鍛えられない筋肉があります。それが、構成力、論
理的思考力、わかりやすい表現力です。
　たとえば、あなたの専門がSNSマーケティングだとして「Instagram
が『いいね！』を廃止するかもしれない。これから『いいね！』獲得を
目的とした承認行動は廃れていくだろう」というテーマがあったとし
て、今この瞬間、「このテーマについて5分話してください」と言われた
ら……あなたはしどろもどろになってしまうかもしれません。
　もしかしたら、何とか5分話せるかもしれませんが、論理が破綻して
いたり、最初と最後で話が矛盾していたり、論旨がはっきりしていなかっ
たり、結局何が言いたいのかわからない話になる可能性もあります。

一方、このテーマについてすでにnoteに記事を投稿したことのある人ならどうでしょうか。かなり理路整然と、論旨や背景、一般的な将来予測、自分の意見、その理由の説明や結論を、わかりやすく制限時間内に話せるでしょう。なぜなら、すでに思考を巡らせ、文章として書き終わっているからです。

　誰でも、140文字なら書けるのです。でも、3000文字はびっくりするくらい書けません。3000文字を書こうとすると、まず構成を考えることが必要です。

・どのような要素を、どんな順番で書くと一番わかりやすいか?
・一般的に○○と言われていることを、自分は△△と考えている。それはなぜか?
・背景は?
・たとえ話は?
・自分の経験談は?
・具体的な事例は?
・説得力のある結論へ導く構成は?

　できれば今すぐnoteにアカウントを開設し最近気になっている何かのテーマについて、3000文字程度の記事を書いてみてください。

　そこでビックリするくらい書けないこと、書きながら言葉や事象の定義や記憶が怪しくてググりまくること、書きながら何が書きたいのかわからなくなること、書きはじめるとびっくりするくらい話が展開できないこと、自分が思っていたことの中で自己矛盾をしていること、まったく論理的に説明できないこと、1000文字書くのも大変なことなどの現実に直面し、うなだれてください。

　1時間や2時間をかけて、今一番気になっているテーマについて3000文字を書けないということは、あなたはそのテーマについて人にわかりやすく説明することができないということです。頭の中が散らかっていて、何を言いたいのか整理できていない状態なのです。

でも落胆することはありません。僕らの頭の中は、みんなそうなのです。

いろいろ経験してきたし、知っている。わかっている。実務だってこなしているし、評価だってされている。

でも、書けないのです。

ということは、結局わかっていないのです。だから多くの人の話はわかりにくいのです。

だから、書くことを通して、頭の中を整理整頓していくことが必要なのです。知っていると思っていた記憶があいまいであること。「AとBはCである」と思っていたことが、実は怪しいこと。「絶対」と言い切っていた2つの事象が、実は矛盾していたことなどを、書くことを通して、1つ1つ検証しながら自分のものにしていくのです。

「noteを書いていなくても、話がわかりやすい人はいますよね」という声が聞こえてきそうです。

ええ、います。ただし、その人はもともと優秀なのです。あなたもそうであるなら、noteを書かなくてもいいでしょう。でも、もしあなたが僕と同じ凡人で、話がわかりやすい人、仕事が早い人、仕事ができる人になりたいのなら、まとまった分量の文章を書いてください。それ以外に近道はありません。

何度も言いますが、頭の中は、書くことでしか整理されません。パワポではダメです。文章で書くのです。

1つのテーマについて、まずは1000文字で書いてみる。少しずつ長くして3000文字書いてみる。筆が乗ってきたら、たまに5000文字書いてみる。週に1本、3000文字の記事を書けば、1年で52本。15万6000文字。本にして1.5〜2冊分の文章を書くことになります。

やれば、劇的に景色が変わります。絶対です。保証します。世の中に景色が変わった人が少ないのは、この方法が間違っているからではなく、続けることができる人が少ないからです。方法は単純。誰でもできる。でも、続けられる人は1万人に1人。やれば、続ければ、成長できます。

自分を変えたい人は、ダマされたと思って、やってみてください。

☑️ noteのテーマ選び

　noteの投稿は続かなければ意味がありませんので、書くテーマは「自分の興味があること」「好きなこと」「書きたいこと」でかまいません。

　ただし、書いてはいるものの、誰にも読んでもらえない状態でも意味がありません。**「自分の興味があること」「好きなこと」「書きたいこと」が、「人が読みたいもの」である必要があります。**そこはメディアの人気記事や「スキ」が多くついているほかの人のnoteを参考にしながら決めてください。

　もう1つ。

　noteを書くことの目的は「一流の職業人になること」や「業界の第一人者になること」です。そのため、「その席が空席かどうか」を事前に確かめておくことも重要です。

　仮に「マーケティング」についてnoteを書きたいとします。しかし、マーケティングはテーマとして大きすぎるばかりか、各専門領域に詳しい人がすでに多く存在してしまっています。そのため、ざっくりとマーケティングについて記事を書いたとしても誰にも見向きもされない状態になってしまいます。

　マーケティングという大きなテーマではなく、「小売店の店頭」などにフォーカスして書くのも手です。セグメントが狭くなれば読者も減りますが、大きなテーマで誰にも見向きもされないよりはよほどマシです。

　また、もし先行して「店頭マーケティング」について積極的な情報発信をしている人がいる場合、その人の年齢を確認しましょう。同年代であればこれから先ずっと競合となりますが、10歳、20歳上の人であれば、あなたより早く「引退」する可能性があります。

　さらに、あなたのほうが若ければ、デジタルやITの知識に分があるかもしれません。「デジタル化による店頭マーケティングの近未来」や「無人店舗のこれから」など、自分の強みが活きるよう、さらに細分化して

記事にすると独自の価値が出るでしょう。

　狭い領域であっても、「その領域に詳しい人」の3本の指に入ることができれば、「デジタル化する店頭とブランディング」など、少しずつ領域を広げていけば良いのです。

✎ work

- note に書くテーマは何にしますか？

- 人気がありそうな先行者をリストアップしてみましょう。

- 先行者の真似をしたいところと、差別化するべきことは何ですか？

☑ ネタの探し方

　noteを書きはじめると、ほぼ全員が突き当たる壁があります。それが「ネタの枯渇問題」です。「か、書くことがない……！」というやつです。

　ネタを枯らさないためにはコツがあります。それは、**ネタは「探すもの」ではなく「入って来るもの」**と捉えることです。探しているうちは、あっという間にネタが枯れます。

　よく、「今日は赤いものだけを意識して生活してみよう！」とか「"なぜなぜ君"になって当たり前のことに"なぜなぜ攻撃"をしてみよう」などの強制発想法がありますが、仕事しながら「あっ！　あの壁赤い！」とか「何でキーボードの配列はこうなっているんだろう？」とかいちいち気にしていられませんよね。

　気にしたところでネタにはなりませんが。

　よく「アンテナを張る」と言いますが、言い得て妙で、アンテナなのです、本当に。アンテナを張っていると、電波を勝手にキャッチするのです。探していないのに、入って来る。

　でも、です。

　ここで誤解してはいけないのは、何の問題意識も持たず白目で脱力した日々を漫然と生きている人の頭の上に、精度の高いアンテナが張られていることは1億％ないということです。

　そもそも、アンテナとは何でしょうか？

　アンテナとは、あなたの「考え」や「意見」です。

　大事なのでもう一度言います。アンテナとは、あなたの「考え」や「意見」なのです。あなたの考えや意見というアンテナが（頭の上に）張られています。そこに、何かしらの情報が入って来る。たとえば、「副業の是非」など。

　僕は常々、「副業や複業は、ちゃんとした人がちゃんと取り組まない

と絶対にうまくいかない。時代の流れで一気に一般化したとき、迷える子羊やダマされる人とか増えてしまいそう。自分はこうあるべきだと思うけどな」という考えや意見を持っています。

そこに、メディアからトヨタ自動車のニュース（終身雇用時代の終焉）が流れて来て、いくつかの「これからは副（複）業の時代だ！」というツイートを見たときに、「いやいや、それ本当？　よし、noteを書くか」という順番。

ねっ、ネタを探していませんよね？

膨大な情報が世の中にあふれていて、みんなだいたい同じ情報に触れているのに、その情報が引っかかる人と引っかからない人がいるのは、人それぞれ考えや意見、その強さが違うからです。アンテナに引っかかるもの（ネタ）とは、自分が持っている考えや意見と違うもの、ないしは強く共感するものをキャッチしたときです。

もしあなたが「ネタがない！」と苦しんでいるなら、それは「探し方」が下手なのではなく、そもそも自分の中に自分の考えや意見が少ないからです。 だから、どんな情報が流れてきても「ふ〜ん」「へえ〜」「すごいなあ」「これは辛いわあ」という程度の「反応」で終わってしまうのです。

noteを更新しつづけている人は、ネタ探しの達人ではありません。日々いろいろなことを考えて、自分なりの意見を持っている人です。「何それハードル高い！　すぐにやれる方法教えてよ！」という声が聞こえてきそうですが、残念ながらこれも近道はないのです。

☑ 500文字の「ココロのさざ波」を書いてみる

まだ自分の考えや意見をそれほど持っていない状態なのであれば、Evernoteなどに500文字書くことからはじめましょう。その代わり、毎日です。500文字ならツイート3個分です。3連続ツイートしてそれを貼ってもいいくらいです。

毎日更新することが目的なのではなく、アンテナを広げることが目的なので、「今日違和感があったこと」「今日感動したこと」「今日ムカついたこと」など、感情にさざ波が立ったことを書いてみてください。

自分の感情が凪の状態。凪とは、風がやみ、海なのに、水面が鏡のようにツルツルになっている状態。これが自分の平常運転のとき。「違和感、感動、ムカつく、楽しい、辛い」状態が、水面にさざ波が立っているときです。

そのさざ波が、あなたの考えや意見のタネなのです。「心のさざ波を毎日記録する」──そうすると、自分の凪とさざ波がわかってきます。「自分はこういうことが気になっているんだな」「興味があるんだな」「好きなんだな」「嫌いなんだな」ということがわかってきます。ここまでくると、もうアンテナの芽が出ています。あとはそれを広げていくだけ。

・○○について違和感を感じたゾ！
・何で違和感を感じたかというと（原体験や問題意識）
・これって本来こういうことなんじゃないの？（考え）
・でも世の中だいたいそうなってないよね（状況の考察）
・AとかBとかCとかまさにそれ（事例）
・でもそれって違うと思う（意見）
・もっとこうすれば良いと思う（意見・提案）

このような感じです。

最初のとっかかりさえあれば、あとはさほど苦労しないはずです。思っていることや考えがあるから、アンテナに引っかかってるわけですから。

ということで、ネタに困っている人は、今日から500文字の「ココロのさざ波メモ」をはじめてみてください。

☑ 「まとめ職人」になるな

noteを書きはじめて、ネタが尽きたり、手っ取り早く読者の支持を得ようとすると「まとめ記事」に手を出してしまいがちです。

たとえば、「今年の○○成功事例10選」「○○が読むべき○○本5選」「アップデートされた○○の主要機能3選」などです。

　これらの記事は、読者からの「ありがたい！」や「おっ！　助かる！」などの反応を得やすく、書き手としても「反響の大きさによる達成感」や、人から感謝されることによる「承認欲求の充足」を感じることができます。

　しかし、「まとめ職人」はどこまでいっても「まとめ職人」なのです。**「ありがとう」と感謝はされても、尊敬はされません。**
「すごい！」「さすが！」などの称賛の声は、「内容や考察の素晴らしさ」をホメてくれているのではなく、「（こんなに面倒なことを時間をかけてまとめてくれて）すごい！」「（誰も面倒でやらないような情報整理をいつも欠かさずタイムリーにやってくれて）さすが！」と言っているにすぎません。

　noteの目的は、あくまであなたが「一流の職業人」「業界の第一人者」になるために、WHAT力を披露し、読者の「信頼」や「尊敬」を獲得することで、WHO力の向上につなげることです。「自分に代わって面倒な作業を代行してくれる人」になってはいけません。

☑ 抽象化する

　では、「WHAT力を披露する」とはどういうことでしょうか？
　最もわかりやすいのは「抽象化」です。ここで言う抽象化とは、「あなたが言っていることは抽象的でわかりません」などと使われる「抽象」とは意味が違います。

　たとえば、今年の大ヒット商品にAとBとCの3つがあったとします。このA、B、Cが「ヒットした商品＝具体」です。一方、「ヒット商品A、B、Cに共通するのは○○というコンセプトだ」などと複数の具体から共通項を導き出すことが「抽象化」です。抽象化とは複数の事象や情報から共通するパターンや法則を見つけ出すことです。

　先ほど「まとめ職人になるな」と書きましたが、まとめ記事は「具体」

をまとめているだけで、付加価値が小さいからです。付加価値が小さいものに価値はなく、尊敬は集められません。

　多くの読者が「さすがの考察！」「なるほど納得！」「目からウロコ！」と称賛してくれる記事は、「抽象化された法則や構造図」が示されています。つまり、「今年のヒット商品5選」（具体のまとめ）ではなく、「今年のヒット商品に共通する3つの法則」（抽象化した法則やパターン）です。

　ただし、抽象化には訓練が必要です。法則化や構造化のセンスが最初からあるならば別ですが、普通の人は訓練しない限り最初から高度な抽象化はできません。しかし、「誰でもできることではない」「訓練が必要」だからこそ、価値があるのです。そして、抽象化スキルは、訓練すれば必ずレベルを上げることができます。反復が重要なのです。

　僕は抽象化オタクで、具体を抽象化することが大好きです。毎日、普通に生活していても、ふと「ん？　これとこれってこういうパターンがあるよな。てことはつまり……」と頭の中で勝手に抽象化ワークが始まり、気がつくと紙に構造図を書いていたりします。
　でも、それはすぐにできるようになったものではなく、訓練の積み重ねの賜物なのです。僕は、ブログを書きはじめて15年以上が経ちます。書いた記事数は数百本。その間に本も10冊以上書き、オリジナルの講演のスライドも1000枚以上作成しています。

　抽象化の訓練は、やればやるほどコツやノウハウが蓄積され、身体に染み込みます。ロジカルシンキングの権化のような作業ですが、習慣になると自然に、無意識にできるようになります。
　ぜひ抽象化スキルの訓練をはじめてみてください。

☑ 業界やテーマのコミュニティに入るチケットを手に入れる

　noteによってWHAT力を向上させれば、あなたのWHO力は「自動的に」上がります。「有名になりたい」「一目置かれる人間になりたい」「注目されたい」と思わなくても、「あなたの評判」は、あとから必ずつ

いてきます。

　WHAT力が上がり、その結果WHO力が上がれば、業界やテーマで「一目置かれている人たち」との接点が「自然に」でき、いつの間にかそのコミュニティの一員になっていくことでしょう。「コミュニティに入れてください！」とお願いせず、「自然に入る」。ぜひその流れを意識してください。

　ただし、noteはストックとしての特徴を持つ「講演をする場」です。「顔を広げる」「顔が広がる」のは、フローとしての特徴を持つ「交流の場」が必須です。その場が、Twitterです。

✎ **work**

- 今一番関心がある、仕事に関係するニュースや業界トレンドは何ですか？

- なぜそれが気になるのですか？　理由を書き出してみましょう。

- Twitterにそれについて投稿してみましょう。ツイートを何回かしたら、それを1つの文章にまとめて、noteに投稿してみましょう。

HATARAKIKATA

Twitter の活用法

☑ Twitterの使い方とnoteとのすみ分け

　Twitterは、「一流の職業人」「業界の第一人者」を目指すあなたにとって有益なツールとなります。特にnoteとの相性が抜群なので、ぜひうまく活用してください。

　Twitterとnoteの特性や役割の違いは以下の通りです。

	note	Twitter
特性	ストック	フロー
コミュニケーション	一方向	双方向
活動	記事の更新	情報発信と交流
発信する 情報	抽象化した知恵や知見	・noteの更新告知 ・琴線に触れた情報や記事の詳細 ・特定テーマに関する有益な情報 ・特定テーマに対する意見
表現	セミフォーマル(です・ます)	カジュアル(口語体)
更新頻度	週1〜2回	毎日
フォロワー数目安	1000人以上 (さほどこだわる必要はない)	まずは1000人以上
KPI	・記事PV ・スキ数 ・記事のTwitter投稿数	・RT数 ・いいね数

　Twitterもnoteも多様な使い方があるため自由に使って良いのですが、目安があったほうがわかりやすいと思うので、僕の考えるそれぞれの特性と使い分け方について説明します。

まずそれぞれの特性ですが、**noteは記事のストック性に優れ、Twitterは即時性のある情報発信に強みを持ちます。**

　noteの記事は更新した当日から2〜3日で集中的に読まれますが、抽象化した普遍的内容はコンテンツSEOの効果によって長い間にわたり読まれます。コメント機能があるため双方向コミュニケーションもできますが、基本は一方向的に記事を「発信する場」です。

　一方Twitterは双方向コミュニケーションに適したツールであるため、発信だけでなく、共通の関心テーマについて「交流する場」となります。狭い人間関係内でのDMやリプライだけでなく、共通の関心テーマを持つ人たちと積極的なコミュニケーションをとってください。

　発信する情報は、noteは抽象化した知恵や知見（凝縮したWHAT）です。

　Twitterでは、更新したnote記事の告知に加え、あなたの琴線に触れた情報やメディア記事の紹介などもしましょう。Twitterは気軽に何でも投稿できますが、目的はあくまであなたが「その道のプロ」であることを伝え、信頼性を高めることです。そのため、個人的な「どうでもいいこと」の投稿は最小限にし、特定テーマに関する有益な情報やあなたの意見を投稿しましょう。

　それぞれの場での「言葉づかい」ですが、noteは「講演の場」ですから、表現はセミフォーマル（です・ます調）が望ましいでしょう。一方Twitterはカジュアルな場ですから、あまり堅苦しくない普段の口語体で問題ありません。

　さて、問題の更新頻度です。

　多くの方から「noteはどのくらいの頻度で更新するべきですか？」と質問されますが、「ネタと体力が続くなら毎日」と答えたいところです。しかし、さすがにそれはキツイでしょうから、週に2〜3回、少なくとも週1回程度の更新は担保したいところです。

　1カ月に1〜2本の更新では、いかに有益な記事を投稿できたとしても頻度が低すぎて「あっ、またあの人がnoteを更新した」と認識してもらえません。特にnoteの「はじめたて」は週に数回（高頻度で）記事を

更新し、そのテーマに関心がある人たちの中で存在感を高めることが有効です。

　ちなみに、僕は（狙ったわけではありませんが）ブログからnoteに引っ越したとき、あまりの書きやすさに感動し、それまでブログはサボって年に1〜2回しか更新していなかったのに、2カ月間、ほぼ毎日更新するほどnoteにハマっていました。このくらい更新すると「池田がnoteをはじめた」と多くの人に認識してもらえます。「良い店を見つけたら1カ月以内に3回以上固め打ちで行け。そうすればマスターに覚えてもらえる」という話と同じです（笑）。

　フォロワーの目標数も気になるところでしょう。ただ、noteはフォロワー数にあまりこだわる必要はありません。理由は、フォロワー数が増えても記事PVにはさほど影響がないからです。noteは、お気に入りのクリエイターをフォローしておくと、自身のnoteのログイン後トップページにフォロイー（フォローしている人）の更新情報が表示されます。しかし「noteのトップページ」に日常的に訪れる人は（現時点では）それほど多くないため、効果は限定的なのです。

　それに対して**Twitterは、「フォロワー数≒人気度／信頼度／権威力」**と認識されやすいため、「一流の職業人」「その道のプロフェッショナル」「業界の第一人者」と認識されるためには、最低でも1000フォロワーはほしいところです。その後、1万フォロワー以上を目指してください（あくまでも有益な情報を発信した「結果として増える」という認識は忘れないでください）。

　KPI（Key Performance Indicator：重要業績評価指標）、つまり重視する効果測定指標は、**noteは記事PVとスキ数です。記事あたりのPVは、開設初期の段階で300PV、次に1000PV、できれば3000PVくらいを目指したいところです。**あくまで僕の主観ですが、「すごく読まれた！」と喜ぶPVは1万PV以上、「やったー！」と飛び上がって良いのは3万PV以上です。

noteのスキ数はPVの1〜3%程度を目指すと考えましょう。

たとえば、3000PVなら30〜100スキ、3万PVなら300〜1000スキです。スキ数は（記事を読む前に）どのくらいその記事が読まれているのか、読む価値があるのかを示す重要な尺度となります。あなたも、30スキの記事より300スキの記事のほうが読んでみたくなりますよね。

経験上、スキ数はPV数にほぼ比例するので、スキ数を増やしたいのならPV数を増やすしかありません。そして、PVはほぼTwitterでの紹介（投稿）数に比例します。だからTwitterの活用がマストなのです。

ちなみに、TwitterのKPIはRT数といいね数です。どんなにフォロワーが多くても、投稿に対して0RT、0いいねのオンパレードだと、「あれ、この人、人気がないのかな？」と思われてしまいます。良いか悪いかは別として、RT数やいいね数は「他者がどのくらいあなたに注目しているか」「どのくらい聞く耳を持たれている人なのか」を測る尺度としても機能してしまっています。

そのため、「投稿したいことを投稿する」「俺の投稿を見ろ」というスタンスではなく、あくまで「フォロワーが知りたがっていることを投稿する」「フォロワーの役に立つ情報を発信する」ことを心がけてください。

☑ 1日に投稿する回数、向き合う時間を決める

「Twitterにどのくらいの時間を割けば良いかわからない」という方もいらっしゃるので、あくまで僕の見解ですがお話ししておきます。

Twitterに慣れている方であれば「好きに使ったらいい」なのですが、慣れていない方は1日に投稿する回数または向き合う時間を決めると良いでしょう。

たとえば、「1日必ず5ツイートする」や「1日15分は集中してTwitterをやる」などです。息を吸うようにTwitterを使っているツイ廃の人たちからすれば「そんな堅苦しく考えなくてもいいのでは」と笑われてしまいそうですが、自分のペースがつかめるまでは投稿数や時間を決め、そのマイルールに従って機械的に活用しても良いと思います。

徐々に慣れていってください。

- Twitterの投稿を習慣化しましょう。1日の取り組み時間、目標ツイート数を決めましょう。

- noteの投稿を習慣化しましょう。投稿頻度を決めましょう（1週間に2記事など）。

- Twitterとnoteのプロフィールを考えてみましょう。

おわりに

やりたい人10,000人、やる人100人、やりつづける人1人。

　僕が大好きな一節です。みんな「やりたい」「成長したい」「夢を叶えたい」と言います。でも、ほとんどの人は口で言うだけで行動に移しません。だから、やるだけで100人に1人（1%）になれます。そして、やりはじめた人も、残念ながら多くは続きません。「絶対にやり遂げます！」と言っていた人も、続かない。それはもうびっくりするほど続きません。だから、続けるだけで1万人に1人（0.01%）になれます。

　本書を読んでくださった目的意識が強いあなたでさえ、この法則は当てはまります。本書のワークでまとめたことを今すぐ実践に移してください。そしてそれを継続してください。多くの人たちがやらない、やっても続かない中、あなただけは、やりはじめ、やりつづけてください。それだけで、必ず道は拓けます。

　キャリアの作り方には、「山登り型」と「川下り型」の2種類があると言われます。

　山登り型は、たとえば「40歳までに起業するぞ！」と自身が登頂したい山の頂上を決め、「そのためには35歳までに……」「そのためには30歳までに……」とバックキャスティングして考え、計画的にキャリアを形成していく「あるべき未来から逆算して行動する」考え方です。

　一方の川下り型は、大きな方向性は持ちつつも、厳密に時期や方法を定めず、川の流れに身をまかせながら、目の前の仕事に一生懸命取り組

む（その結果、流れ着いた行き先が自身のキャリアである）という考え方です。

　僕は、自身を「究極の山登り型キャリア観」の持ち主だと捉えていました。

　ものごとを順序立てて考えることが好きだった僕は、本書の第2章でも書いた通り、20代の頃からありたい姿（理想）、現状、理想と現状のギャップ（問題点）、ギャップを埋めるための課題（施策）を考え、それを「少し無理のある」タスク＆スケジュールに落とし込み、ハードな努力をしながら計画通りにタスクをこなし、問題点の解消具合を見ていくことを習慣にしていました。

　計画したことをキチンと実行すれば、スケジュール通りに3合目に着く、4合目が見えてくる。それが楽しくて仕方がなく、登山計画を見直しては山登りに勤しむ時期を夢中ですごしました。

　しかし、今年50歳を迎え、自身が歩んできた道を振り返ってみると、そこに山はなく、川が流れていました。目の前には、山頂からの景色ではなく、大海が広がっています。この歳でようやく気がついたのです。「ああ、僕は川下りをしてきたのか」と。

　思い返してみれば、僕のキャリアは大いなる川下り型です。

　キャリアの前半こそ「マーケティングを極めるぞ！」「30歳までにフリーランスのマーケティングコンサルタントとして独立して年商1000万円以上を稼ぐぞ！　そのためには29歳までに独立をして、28歳までに独立準備をして……」と山に登っていた気がしますが、コンサル会社への転職（2回めの転職：28歳）は知人に誘われて、フリーランスとして独立したのは勤めていた会社の社長が支援してくれたから（29歳）、フリーランスを辞めて企画デザイン事務所の役員になったのはその会社の社長に誘われて（31歳）、ネットマーケティング会社に転職したのはコンサル会社時代の先輩に誘われて（32歳）、ソーシャルメディアやSNSマー

ケティングに詳しくなったのはネットマーケティング会社在籍時に（mixi開設やブログブームなど）Web2.0の波が押し寄せて来て「こりゃ世界がひっくり返るぞ！」と強い興味を持ったから、トライバルメディアハウスを創業したのは目の前に仲間がいたから（34歳）、本を何冊も出すことができたのは「本が書きたい！」と周囲に触れ回っていて助けてくれた人がいたからです。

　どこからどう見ても、川下り型ですね（笑）。

　僕は山登り型を自認していましたから、心のどこかで川下り型キャリア観の人たちを「受動的」「行き当たりばったり」「他力本願」と小馬鹿にしていた気がします。「かけがえのない、一度きりの自分の人生なのに、なぜみんなもっと計画的にキャリアを作ろうとしないんだろう」と思っていたのです。

　しかし、50歳になって、今思います。

　山登り型でも川下り型でもどっちだっていい。ちゃんと自分の頭で「どうなりたいか」「どう在（あ）りたいか」を考え、目の前の仕事に一生懸命取り組んでいれば、道中を一緒に歩む仲間ができ、難所で応援してくれる支援者が現れ、いずれ山頂か大海に到達して自分だけの美しい景色を眺めることができるのかもなと。

　僕のボートは川を下って「企業経営海」と「マーケティング海」に出ました。これからは「海の向こう側」を目指し、引き続き全力でオールを漕ぐつもりです。また、残りの人生を使い、これから登山や川下りをする若い方々を支援していきたいとも思っています。

　仲間とチームを組み、人に感謝され、社会をより良くしていく仕事は人生を豊かにしてくれます。だから僕は、FIRE（経済的自立と早期退職を目指すライフスタイル）にまったく興味がありません。「やるべき仕事がある」って、とても幸せなことです。僕はきっと、あの世に旅立つそ

の日まで、仕事をしていると思います。

　本書では、再三にわたって「一流の職業人になろう」「一目置かれる人になろう」「そのほうが人生楽しいよ」「でも、そうなるためには近道などなく、大変な努力が必要なしんどい道を歩むしかないんだよ」ということをお伝えしてきました。

「誰でも」「努力せず」「簡単に」「必ず」「すぐに」成果が出る「魔法の杖」が連日大セールで販売される昨今。僕の主張は一昔前の、古びた、役に立たない、戯言（たわごと）に聞こえたかもしれません。

　でも、これから人類に訪れる未曾有の大変革を前に、皆さんに「自身で力をつけないと、想像をはるかに超える時代の大きなうねりに飲み込まれてしまうよ！」「そんな大変な時代に自己実現を果たしながら幸福感を感じる仕事をするためには、圧倒的な努力が必要なんだよ！」と警鐘を鳴らしたかったのです。

　あなたは、あなたのおじいさんとはまったく違う人生を歩むことになります。なぜなら、あなたが生きる「今とこれからの時代」は、おじいさんが生きた時代と次元が違う変化が何重にもなって押し寄せる人類の進化における「イノベーションの転換点」だからです。

　あなたは、これから100年で過去2万年分の人類の進化がやって来ると言われる、凄まじい時代に生きています。あなたが望もうと望むまいと、2030年までに車が空を飛び、陸では完全コンピューター制御の無人タクシー（シェアリングカー）が走り回り、XR空間でAIと会話をしながら買い物をし、ドローンが自宅に商品を届け、ロボットが外科手術を行ない、老化は克服されるでしょう。

　映画やマンガの世界のサイエンス・フィクションが、リアルの世界でサイエンス・ファクトになる時代。今までだったら、数千年や数万年かけて起こるような変化が、あなたがこの世に生を受け、あの世に旅立つ

までのこの100年のうちに起こるのです。そんな時代に、あなたは生き、仕事をし、幸せな人生を歩まなければなりません。この「加速が加速する時代」を脅威と捉えるかチャンスと捉えるか。言わずもがな、それはあなた次第です。

　良い仕事をし、人に感謝され、社会をより良くするためには、力が必要です。その力は、仕事によってしか鍛えられません。逆に言えば、仕事によって鍛えられるのです。そしてその仕事力は、自己啓発によってレバレッジさせることができます。今の、そしてこれからの時代に、自己啓発こそが重要である理由はここにあります。

　締めの言葉として、弊社トライバルメディアハウスのレジェンド、高橋 遼が後輩に伝えている言葉を贈ります。
「俺はお前を二流までにしかしてやれない。そこから一流までの道はお前次第だ。」

　最後に謝辞を。

　本書に記した内容は、僕が過去に読んだ膨大な量の自己啓発本を執筆してくださった先人の経験と英知に支えられています。そして僕が社会人になってから、30年弱にわたり、未熟な僕に仕事の厳しさと素晴らしさを叩き込んでくださった上司・先輩・同僚・後輩、トライバルメディアハウスのスタッフのみんな、取引先の皆さま、そして今までかかわってくださったクライアントに心から感謝申し上げます。

　また、本書の出版は、書籍編集者であり出版プロデューサーの貝瀬裕一さんが、ある日突然TwitterのDMで「池田さんのnoteを本にしませんか？」と連絡をくださったことがきっかけです。本書の企画段階だけでなく、乱筆乱文だらけの僕の原稿に粘り強く対応してくださったことに心から感謝申し上げます。

4歳になった息子へ。たくましく生きろ。最高の22世紀めがけて突っ走れ！

　そして、本書を最後までお読みくださった読者の皆さま。お疲れさまでした。仕事を通して、あなたの人生が喜びに満ちあふれ、豊かで色鮮やかに輝くものになりますように。応援しています！

2023年1月
鎌倉市稲村ガ崎の自宅にあるガレージ兼書斎より

株式会社トライバルメディアハウス
代表取締役社長　池田紀行

池田紀行 （いけだ のりゆき）

株式会社トライバルメディアハウス　代表取締役社長
1973年横浜市出身。ビジネスコンサルティングファーム、マーケティングコンサルタント、クチコミマーケティング研究所所長、バイラルマーケティング専業会社代表などを経て現職。300社を超える大手企業の広告宣伝・PR・マーケティング部に対するデジタルマーケティングやソーシャルメディアマーケティングの支援実績を持つ。宣伝会議マーケティング実践講座 池田紀行専門コース、日本マーケティング協会マーケティングマスターコースなどの講師として、のべ3万人以上のマーケター育成に貢献。近著『売上の地図』（日経BP）のほか『キズナのマーケティング』『ソーシャルインフルエンス』（アスキー・メディアワークス）など著書・共著書多数。自身のnoteやTwitterを中心に、若者向けのキャリア、働き方に関する発信も多数。

🐦 https://twitter.com/ikedanoriyuki

 https://note.com/ikedanoriyuki

自分を育てる「働き方」ノート

2023年2月11日　第1版第1刷発行

著者　　池田紀行

発行所　WAVE出版
　　　　〒102-0074　東京都千代田区九段南3-9-12
　　　　TEL　03-3261-3713
　　　　FAX　03-3261-3823
　　　　Email : info@wave-publishers.co.jp
　　　　URL　http://www.wave-publishers.co.jp

印刷所　中央精版印刷